사장이
원하는
회사

직원이
바라는
회사

사장이 원하는 회사
직원이 바라는 회사

초판 1쇄 인쇄 2021년 4월 28일
초판 1쇄 발행 2021년 5월 3일

지은이 산군

발행인 백유미 조영석

발행처 (주)라온아시아
주소 서울특별시 서초구 효령로 34길 4, 프린스효령빌딩 5F

등록 2016년 7월 5일 제 2016-000141호
전화 070-7600-8230   **팩스** 070-4754-2473

값 14,000원
ISBN 979-11-91283-36-5 (13320)

라온북은 독자 여러분의 소중한 원고를 기다리고 있습니다. (raonbook@raonasia.co.kr)

사장이 원하는 회사 / 직원이 바라는 회사

회사도 발전하고
연봉도 오르는
노사 문제 해결 방법

산군 지음

RAON
BOOK

한계를 받아들이고 함께 성장하는
초신뢰 조직을 꿈꾸며

오동나무 원형 테이블을 가운데에 두고 세 사람이 둘러앉아 있다. 한 사람은 그 자리의 주인처럼 책상 위에 두 팔을 올려놓고 깍지를 낀 채 두 사람을 지그시 바라보고 있다. 그의 왼쪽에서 침을 튀기면서 열변을 토하고 있는 이는 인사팀의 김 부장이다. 그 맞은편에 앉아 술에 취하기라도 한 듯 게슴츠레하게 눈을 뜬 채 "말도 안 되는 소리 하지 마!" 하며 말을 끊고 인신공격을 쏟아내는 이는 영업팀의 이 부장이다.

둘의 대화는 콩트 같다. 한심하다는 생각에 가운데 앉아 있던 사장이 한숨을 내뱉는다. 사장은 작년의 저조한 매출실적을 개선하기 위해 '어떻게 해야 위기를 타파할 수 있을까?'라는 주제로 회사에서 가장 오래된 중역 두 명을 토론의 자리에 초대한 것이었다.

 그런데 둘은 만나자마자 서로에게 책임을 떠넘기며 앙숙이라도 되는 듯 다투었다. 영업팀 이 부장은 매출이 저조한 이유가 인사팀에서 제대로 된 인재를 보내지 않았기 때문이라고 주장했고, 인사팀 김 부장은 영업팀에서 뛰어난 인재를 제대로 활용하지 못해서 벌어진 일이라고 되받아쳤다. 이러한 분쟁이 왜 벌어졌는지 알아보기 위해서 맨 처음 사장과 멍청이, 얼간이의 삼자대면이 이루어진 시점으로 돌아가보자.

사　　장: 작년 매출실적이 예상치보다 낮게 나왔네. 어떻게 해야 좋을지 함께 토론해보도록 하지.

이 부장: 그건 전부 인사팀 때문입니다. 인사팀에서 정확히 영업팀이 원하는 인재를 선발하지 못했습니다.

김 부장: 무슨 말을 하는 겁니까? 우리가 이번에 뽑은 사원들은 전부 우리나라 1퍼센트 안에 드는 명문대 출신입니다. 상위 1퍼센트의 인재들을 데리고 저조한 성과를 냈으니, 영업팀 잘못입니다.

이 부장: 멍청아, 우리가 원하는 애들은 공부 잘하는 애들이 아니라, 일을 잘하는 애들이라고!

두 사람의 대화는 더 살펴보지 않아도 뻔하다. 아마도 이들은 서로 인신공격만 할 뿐, 의미 있는 결과를 도출해내진 못할 것이다. 사장의 고충이 느껴질 수밖에 없는 순간이다. 그런데 이게 과연 둘만의 문제일까? 그럼 이번엔 세 명의 내면을 살펴보도록 하겠다.

> 사　장: (전지적 시점) 너희들이 일을 못해서 이번에 매출 실적이 저조해. 그래서 두 자리였던 자리가 하나로 줄어들었어. 너희 둘 중 한 명은 나갔으면 해. 누가 나갈래?
>
> 이 부장: (전지적 시점) 인사팀에서 그동안 저희가 요구한 인재상에 부합하지 않는 팀원을 뽑아서 발생한 문제입니다. 그러니 저는 해고하지 마시고 인사팀 멍청이부터 해고하도록 하죠.
>
> 김 부장: (전지적 시점) 제가 다 이럴 줄 알고 상위 1퍼센트 인재만 뽑는 겁니다. 생각해보세요. 영업팀에서 정말 원하는 인재를 뽑았는데 일을 못하면, 왜 상위 1퍼센트 애들을 안 뽑았냐면서 제 책임으로 떠넘길 거 아닙니까?

이 자리엔 김 부장와 이 부장 그리고 또 한 명의 복병 '피도 눈물도 없는 독재자'가 있었던 것이다. 독재자 사장은 김 부장을 '멍청이'로, 이 부장을 '얼간이'로 인식하고 있을 것이다. 왜냐하면 서로 말이 통하지 않기 때문이다. 그렇기 때문에 셋은 서로 싸울 수밖에 없는 관계다. 이렇듯 싸울 수밖에 없는 핵심적인 이유는 두 가지다.

첫 번째는 아득히 단절된 관계에서 비롯된 '이해 부족' 때문이다. 사장과 직원들은 조직 구성원 상호 간 이해 부족을 극복하기 위해 서로를 이해할 수 있는 '지식'을 획득해야 한다. 여기서 지식을 어떻게 얻어야 할지 의문을 갖는 사람이 있을 것이다. 다행히도 우리에겐 위대한 선구자들이 수백 년간 쌓아올린 연구물이 있다. 그 지혜를 빌려 조직 구성원의 내면을 살펴서 서로를 이해할 수 있도록 노력해야 한다.

두 번째는 조직의 체계가 잘못됐기 때문이다. 우리는 조직 체계를 인간의 본성이 긍정적으로 조직에 기여할 수 있도록 설계해야 한다. 나는 인간 본성에 적합한 조직 체계를 '초신뢰'가 바탕이 되어야 한다고 생각한다. 초신뢰란 서로의 한계와 스스로의 잘못을 인정하고, 약점을 받아들이는 것이다. 나아가 사장과 직원이 서로의 역할에 대해 깊이 있게 깨닫는 것이다. 즉 자신이 갖고 있는 치부와 잘못을 스스로 인정하고 극복하는 것을 의미한다. 물론 어려운 일이 될 것이다. 사람은 심리적으로 자신을 보호하려는 기제가 있다. 그렇기 때문에 항상 자신을 중심으로 세상을 바라보게 된다.

이처럼 서로를 이해하지 못하고 조직 체계가 잘못되는 이유는, 우리가 잘못된 시야 협착 증상에 빠져서 세상을 왜곡되게 바라보기 쉽기 때문이다. 이는 우리 내면의 '그림자'다. 우리는 누구나 현실에서 좌절된 욕구를 내면에 켜켜이 쌓아둔 채로 살아간다. 그러는 동안 우리 내면에 어두운 부분이 생기는데 이를 칼 융(Carl Gustav Jung)은 '그림자'라고 불렀다.

초신뢰 조직의 목적은 칼 융이 말한 내면의 그림자를 직시하고 인정하는 것이다. 나의 자리를 보전하고 싶은 마음, 내 잘못을 숨기고 싶은 마음, 상대를 탓하고 싶은 마음, 누군가를 해고시키고 싶은 마음, 나보다 급여가 높은 자를 질시하는 마음 등이 모든 것이 내면의 그림자다. 우선 내면의 그림자를 마주하게 되면 내가 그동안 무엇을 잘못했는지 알 수 있다. 그리고 잘못된 나 자신을 극복하고 건설적인 내가 될 수 있다.

그리고 본능을 인정했다면, 시스템을 구축하는 일을 해야 한다. 본능에 대해 알고 있다 하더라도 본능을 극복하기란 쉽지 않다. 그렇기 때문에 우리 내면의 정서를 통제할 수 있는 시스템인 '초신뢰 조직'을 만들어야 한다. 현대 사회의 조직 구조는 우리의 본능에 반하는 점이 많다. 우리는 조직 구조를 본능에 적합하도록 재구조화할 필요가 있다.

이 책은 '조직'에 대한 내용을 주로 기술했지만, 우리의 모든 삶에 적용할 수 있다. 학교, 회사, 군대, 심지어 가정에까지 말이다. 당신이 한 회사의 대표이든 직원이든, 군대의 선임이든 후임이든, 한 집안의 가장이든 구성원이든, 학교의 선생이든 학생이든 상관없다. 우리가 살아가는 모든 곳에는 계급이 존재한다. 즉 모든 곳이 '조직'인 셈이다.

어쩌면 당신은 수평적인 곳에서 살아가고 있다고 생각할지도 모른다. 그러나 우리에게 각인된 본능은 스스로 더 높은 계급으로 올라서기 위해 투쟁하도록 설계돼 있다. 당신이 민주적인 세상을 만들고자 하는 야망을 품었다 하더라도 인간인 이상, 위계서열에 따른 상명하복 문화를 따르지 않을 수 없다. 위계서열에 대해서 부정적으로 생각하는 사람도 있다. 그러나 우리 사회를 유지하게 한 원동력은 바로 긍정적인 서열에서 나온다는 점을 이해해야 한다.

일찍이 고대 그리스 철학자 플라톤은 4주덕(主德)을 주장했다. 정의, 지혜, 용기, 절제가 그것이다. 그는 통치 계급은 지혜를, 전사 계급은 용기를, 생산 계급은 절제를 가져야 사회가 정의로워진다고 말한다. 즉 계급 서열에 따라 역할을 가져야 한다고 주장한 것이다. 이를 지금 세상에 적용하자면 피라미드식 조직 구조를 떠올리면 된다. 쉽게 말해 통치 계급은 CEO, 전사 계급은 중간관리자, 생산 계급은 사원이다.

그런데 만일 사원이 조직의 방향을 결정하는 중요한 의사결정을 한다면 조직은 그 기능을 다할 수 없게 될 것이다. 또한 중간관리자가 CEO의 의사결정에 따라 사원들을 진두지휘하지 않는다면 조직은 방향을 잃게 될 것이다. 조직이 순기능을 하기 위해선 위계서열에 따른 체계가 있어야 한다. 맹목적인 복종을 하라는 것이 아니다. 사회 구성원인 조직의 목적 달성을 위해 체계를 따라야 한다는 것이다. 가족관계도 마찬가지다. 만일 가정에 체계가 없다면 어떤 일이 일어날까? 집안의 가장이 자녀에게 교육을 하지 않는다면 집안이 제대로 유지될 리가 없다.

넷플릭스 다큐멘터리 〈나는 살인자다: 출소, 그 후〉에 나오는 데일 시글러는 불우한 가정에서 살았다. 직장을 잃은 아버지는 매일 술에 취해 어머니와 자신을 두들겨 팼다. 그러다 열두 살이 되던 해 부모님은 이혼했다. 힘든 가정에서 살던 데일 시글러는 10대에 가출을 했고 거리에서 마약을 하며 비참한 삶을 살아가다가, 결국 20대에 이르러 큰 죄를 저지르고 만다. 앙심을 품고 친구를 살해한 것이다. 데일 시글러가 이토록 불행해질 수밖에 없었던 이유는 가정이라는 조직이 제 역할을 다하지 못했기 때문이다. 만일 가정에 체계가 잡혀 있었고, 가장이 제대로 된 역할을 했다면 데일 시글러는 지금쯤 정상적으로 사회에 기여하는 구성원이 됐을 것이다.

이 책에는 현명한 조직 체계를 구성하는 데 필요한 여러 지식이 담겨 있다. 서로 다른 입장에 놓인 조직 구성원의 상황과 생각을 이해하고 올바른 조직 체계를 만들 수 있도록 다양한 정보와 방법이 소개되어 있다. 모쪼록 이 책이 당신이 현명한 조직 생활을 영위하는 데 보탬이 되었으면 좋겠다.

산군

차 례

누군가를
내쫓아야 하는
회사의 속사정

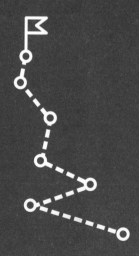

회사는 변해야
살아남는다

⎯⎯⎯•⎯⎯⎯•⎯⎯⎯

불곰이 북극곰으로 변화하기까지

북극권 툰드라 지대 최대의 포식자가 있다. 포식자는 몸길이 2.5미터, 체중 0.5톤으로 견고한 장갑차를 연상시키는 외모를 갖고 있으며, 방탄복처럼 두터운 10cm의 지방층을 외투로 두르고 있어서 혹한의 겨울도 이겨낼 수 있다. 또한 척박한 툰드라 지대에서 사냥감을 포착하기 위해 인간보다 10데시벨이나 작은 미세한 소리를 감지할 수 있으며 0.5미터의 두꺼운 얼음층을 부술 수 있는 강한 근력이 있어 얼음 속 깊은 곳에 숨은 먹잇감도 손쉽게 잡아낼 수 있다. 이 동물은 바로 우리가 잘 아는 북극곰이다.

북극곰의 조상은 불곰이다. 불곰은 원래 러시아 극동의 캄차카반도에서 살았는데, 개체 중 일부가 빙하기 때 북극권 툰드라에 갇히게 되었다. 그리고 이들이 현재의 북극곰으로 분화하게 된 것이다. 캄차카반도는 러시아 동쪽 끝에 있기 때문에 일반적인 다른 지역보다는 춥지만 여름에는 기온이 12도에서 16도까지 올라간다. 비록 사바나 열대우림처럼 먹잇감이 도처에 깔려 있는 것은 아니지만 포유류가 살아가기에 그다지 나쁘지 않다. 그러나 툰드라 지역은 그렇지 않다. 그곳에서는 극히 생존력이 뛰어난 일부 종만 살아남는다. 쉽게 말해 툰드라 지역 출신 포유류는 흙수저로, 캄차카반도 출신 포유류는 금수저쯤으로 여기면 이해가 쉬울 것이다.[1]

그런데 한때 금수저를 물고 태어났던 캄차카반도 출신 불곰이 운 나쁘게도 툰드라에서 가장 혹독한 자리로 유배됐다. 이들 주변엔 눈과 얼음 그리고 한랭한 바다가 전부였을 것이다. 상상하기 어렵다면 애니메이션 〈겨울왕국〉의 배경을 떠올리면 얼추 비슷할 것이다. 부자였던 불곰이 한 치 앞도 내다볼 수 없는 파산 위기에 처한 것이다. 그런데 이들 중 하나가 기적적인 변이(Variation)를 했다. 툰드라 추위를 견딜 수 있게 해주는 두꺼운 하얀색 코트에 아주 뛰어난 청각, 동족과 궤를 달리하는 괴력을 지닌 북극곰으로 변모한 것이다. 환경에 적합한 변이에 성공한 북극곰은 점차 개체 수를 늘려, 툰드라 겨울왕국에서 약 60만 년 동안 왕족으로서 호사를 누려왔다.

그런데 그런 겨울왕국이 기후변화로 인해 따뜻해지기 시작했다. 나날이 기온이 올라가 얼음이 녹고 있어서 이제 북극곰에게는 두께 10cm의 하얀색 코트도, 두터운 얼음을 깨뜨릴 근력도, 빙판에서 미끄러지지 않게 해주는 단단한 발톱도 필요 없어졌다. 아니, 오히려 거추장스럽게 되었다. 그런데 변이가 과연 쉬울까? 불곰이 북극곰으로 변하는 과정에서 얼마나 많은 불곰이 사멸했을까? 과연 북극곰은 생태계 변화에서 살아남을 수 있을까?

코로나19가 가져온 생태계 변동

북극곰 이야기를 한 이유는 현재 북극곰 상황과 우리 상황이 유사하기 때문이다. 북극곰은 지구 온난화에 따른 재앙을 겪고 있고, 우린 코로나19 팬데믹으로 인한 재앙을 겪고 있다. 코로나19는 산업 생태계에 지각변동을 가져왔는데 정치, 경제, 사회, 문화를 반쯤 뒤엎어버렸다.

먼저 정치에 미친 영향을 살펴보면, 정부는 다음과 같은 조치를 했다. 정부는 모임을 제한하기 시작했다. 이에 따라 기독교, 불교 등의 종교 활동과 각종 동호회, 친목 활동이 어려워졌다. 그리고 정부는 확진자의 사생활을 공개했다. 그 전까지 사람들은 개인의 사생활을 무척 중요하게 여겼지만 코로나19가 만들어낸 충격은 사생활 공개를 당연하게 여기도록 만들었다. 또한 정부는 국민의 재산권을 침범했다. 확진자 수가 급증하고 있다는 이유로 노래방, PC방, 클럽, 술집, 백화점 등 사람들이 많이 모이는 곳의 운영을 중지시켰다.

코로나19는 경제에도 큰 영향을 미쳤는데 특히 항공운송업, 육상수송업, 요식업, 관광업, 헬스케어산업 등에 막대한 타격을 입혔다. 가장 큰 타격을 입은 건 항공운송업인데 이스타 항공, 아시아나 항공은 경영난 때문에 미래를 장담하지 못하는 상태다. 이런 상황 속에서 이스타 항공은 지난해 직원 605명을 해고하기도 했다.

문화 면에서는 코로나 팬데믹이 SNS와 결합해 파괴적 문화를 창조한 듯하다. 현대의 문화는 1960년대 이후 개성, 자율성, 다양성, 대중성을 중요시한 포스트모더니즘의 산물이라고 봐도 과언이 아니다. 자유로운 분위기의 대학교 축제, 사람들이 자유롭게 떠들고 춤추는 클럽이나 노래방 등은 사실상 포스트모더니즘의 대표적 상징이다. 그런데 이러한 문화가 코로나19 확산과 SNS에 의해 만들어진 디지털 파놉티콘 문화에 밀려 사라질 위기에 처했다.

여기서 말하는 파놉티콘(Panopticon)은 영국 학자 제러미 벤담이 처음 주장한 것이다. 벤담은 어떻게 해야 죄수들을 효율적으로 관리할 수 있는지에 대한 의문으로 특이한 교도소를 제안하게 되었다. 교도소의 건물은 원형으로 설계돼 있고, 간수들이 교도고 중앙의 망루에 배치돼 있기 때문에 360도 감시가 가능하다. 현대의 대부분 교도소는 파놉티콘 형식으로 설계돼 있다. 파놉티콘은 간수들이 유리벽에 갇힌 죄수들을 쉽게 볼 수 있기 때문에 죄수들의 일거수일투족을 손쉽게 감시 가능하다. 영화 〈이스케이프 플랜〉, 〈분노의 질주〉 등에 나온 교도소도 파놉티콘 형태로 되어 있다.

디지털 파놉티콘은 디지털 원형 감옥이라고 생각하면 된다. 코로나19의 습격을 받은 사람들은 디지털 기기를 이용해 서로가 서로를 감시하기 시작했다. 사람들은 스스로 자처해서 원형 감옥에 들어가 죄수처럼 감시받는 것에 대해 기꺼이 동의한 듯 보인다.

그런데 우리 사회는 여기서 더 나가서 개인의 재산권까지 침범하기에 이르렀다. 노래방, PC방 같은 소상공인뿐만 아니라 백화점, 대형마트에 대해서 제재를 시작한 것이다. 소수의 희생 아래 사회 질서를 유지하는 것. 이것은 제레미 벤담이 주장했던 '최대 다수의 최대 행복'의 논리와 연결된다.

나는 이 책에서 정치적 문제 등에 대해서 옳고 그름을 판단하지는 않으려고 한다. 그저 조직이 처해 있는 환경을 생태계로 보고 이야기를 풀어나가고 있다. 미국의 사회학자 윌리엄 에번(William M. Evan)은 조직을 직원과 환경이 상호작용하는 곳으로 보았다. 즉 조직을 환경과 소통하는 생태계적 관점에서 본 것이다.

생태계가 변하면, 그 속에 살던 생물들은 변화에 적응해야만 살아남을 수 있다. 만약 그러지 못하면 사멸할 수밖에 없다. 조직도 마찬가지다. 조직을 구성하는 환경이 변하면 조직은 환경에 적응할 수 있도록 구조를 바꿔야 한다. 불곰이 북극권에 갇히자 두터운 외투를 입은 것처럼 말이다.

항공운송업, 육상수송업, 요식업, 관광업, 헬스케어산업은 이제 변화의 기로에 서 있다. 물론 변화에 성공한 회사도 있다. 예컨대 대한항공은 여객기를 화물 운송 수단으로 전환함으로써 흑자 기조를 이어가고 있다.

한경닷컴의 유진우 기자에 따르면 헬스케어산업을 하는 나이키는 코로나 팬데믹으로 2020년 3~5월 매장 매출이 지난해 같은 기간보다 38퍼센트 떨어졌지만, 디지털 판매는 75퍼센트나 증가했다고 한다. 이런 회사들은 급변하는 상황에 사업 방향을 성공적으로 전환해 코로나 위기를 극복하고 있다. 이처럼 변화를 맞이해 성공적으로 변이할지 아니면 도태될지 하는 문제는 기업의 변화 주도 역량에 달려 있다.

대격변이 찾아온다

그런데 사실 코로나19 팬데믹은 아주 중요한 문제이긴 하지만 우리가 앞으로 마주칠 변화에 비교하면 사소한 문제에 지나지 않는다. 앞으로 우리 사회에 찾아올 문제는 대지진에 준하는 엄청난 지각 변동일 것이다.

코로나19는 생태계에 신종 문화를 가져왔다. 그런데 코로나가 가져온 신종 문화는 과학 기술이 일으킬 '대격변 문화'에 비교하면 애교처럼 느껴질 것이다.

예를 들어 조만간 실현될 예정인 완전 자율주행 차가 상용화되면 어떤 일이 벌어질까? 택시로 생업을 유지하던 사람들은 어떻게 될까? 수십만 명의 일자리가 한순간에 사라질 위기 속에 있다. 청소 업무도 마찬가지다. 자동 로봇 청소는 갈수록 그 기능이 업데이트되고 있다. 청소 용역 업무가 사라진다면, 환경미화원들이 갈 자리는 어디에 있을까? 점점 대체 가능한 직업부터 인공지능이 점령해나가고 있는 추세다.

제레미 리프킨(Jeremy Rifkin)은 《노동의 종말》이란 책에서 앞으로 인공지능이 인간의 일자리를 대체할 것이라고 주장했다. 1990년대에 이 책이 처음 나왔을 때에는 사람들이 '그럴 수도 있겠다'는 시큰둥한 반응을 보였다. 2020년에 들어서서야 많은 사람이 '앞으로 어떻게 하지?'라며 인공지능에 대해 걱정하기 시작했다.

실제로 수많은 산업이 사양의 길로 접어들어 저물어가는 추세다. 2035년부터 휘발유나 경유를 사용하는 내연기관 자동차를 탈 수 없게 된다. 우리나라의 초일류 기업인 현대는 더 이상 변화를 피할 수 없는 상황이다. 신흥 강자인 테슬라는 이미 현대를 앞질렀다.

변화하지 않으면 도태된다. 이것이 생태계의 논리다. 현대는 이제 결정해야 할 때가 왔다. 현대 협력사들과 직원들을 어떻게 할지 말이다. 그들을 먹여 살리며 현재의 사양 산업을 유지할지, 아니면 그들의 생명줄을 끊고 변화에 나서야 할지 말이다. 어쩌면 현대는 선택의 기회조차 갖지 못할지도 모른다. 현대와 함께 했던 수많은 하청업체들과 직원들의 운명은 더 이상 장밋빛이 아니다.

변화에 성공하지 못하면 사멸뿐

오늘날 산업 생태계는 이미 걷잡을 수 없는 속도로 변해가고 있다. 현재의 혼란스러운 생태계도 시간이 지나면 어느 정도 안정될 것이다. 그러나 지금 당장은 그렇지 않다. 조직들은 변화에 성공하기 위해서 북극곰이 될 것인지, 불곰이 될 것인지 선택해야 하는 기로에 서 있다. 물론 모든 기업은 변화하는 쪽을 택할 것이다.

그러나 변화하려 해도 변화할 수 없는 경우도 있다. 수많은 저항에 부딪힐 것이기 때문이다. 변화하기 어려운 조직은 칼을 빼들 것이다. 아마도 그 칼의 이름은 '구조조정' 혹은 '정리해고', '명예퇴직' 등의 명칭으로 불릴 것이다.

멈추어 생각해보기

당신은 변화에 저항할 것인가?
아니면 용기 있게 변화를 받아들일 것인가?

많은 사람이 현재 자신이 잘하는 일에만 집중하고 있다. 경영학에서는 이를 스페셜리스트 전략이라고 한다. 그러나 급변하는 환경 속에서 도태될 수 있는 일을 한다면 미래에는 생존하기 어려울지도 모른다. 특히 단순 사무직, 생산직의 일은 갈수록 줄어들 수밖에 없다. 당신이 살아남기 위해서는 용기 있게 변화를 받아들이고 능동적으로 대처해야만 한다.

최근 경영학에서는 기존의 전략을 바꾸는 것을 '피벗(Pivot)'이라고 한다. 피벗은 선수가 포지션을 바꾸는 것을 의미한다. 그만큼 유연한 전략을 구사할 수 있느냐가 바로 조직의 핵심 역량으로 대두되고 있다. 그렇다면 조직에 속해 있는 당신에게는 무엇이 필요할까. 그것은 바로 변화를 받아들일 수 있는 용기가 아닐까 한다.

회사는 시간이 지나면
부패한다

엔트로피가 증가하면 조직이 쇠퇴한다

'엔트로피(Entropy) 법칙'이라는 것이 있다. 모든 물질과 에너지는 오직 한 방향으로만 바뀌며, 질서화한 것에서 무질서화한 것으로 변화한다는 열역학 제2법칙으로, 여기서 엔트로피는 일반적으로 '무질서한 정도', '무질서도의 척도'를 의미한다. 경영학자들은 엔트로피를 조직 내 질서가 깨지는 현상을 설명하기 위해 사용하기도 한다.

조직을 당신의 신체에 비유해서 쉽게 설명해보도록 하겠다. 당신이 10대라면 지병이 없는 이상, 대체로 큰 문제 없이 건강할 것이다. 시간이 흘러 20대가 됐다고 치자. 어딘가 아픈 곳이 하나둘 늘어나기 시작한다. 갑상선에 문제가 생길 수도 있고, 목이나 허리 쪽의 디스크가 파열될 수도 있다. 혹은 장이나 위에 궤양이 발생할 경우도 있다. 어쨌거나 10대 때보다 건강상 문제가 많이 발생할 것이다. 이러한 문제는 30대, 40대로 연령이 증가하면서 점점 늘어난다. 물론 운동을 하거나, 식이조절을 통해서 몸 관리를 할 수도 있다. 그러나 시간의 흐름에 따라 건강은 점점 악화될 것이다. 어렸을 때보다 기억력도 떨어지고 시력도 나빠질 것이다.

이처럼 아무리 관리한다고 해도 점점 악화되는 것은 당신의 몸에 무질서, 즉 '엔트로피'가 점점 증가하기 때문이다. 처음에 발생한 엔트로피는 원인을 어느 정도 예측할 수 있지만, 시간이 지나면 어떤 부분에 문제가 생겼는지조차 정확한 원인을 파악할 수 없게 된다.

당신의 신체를 비유해서 설명했지만 엔트로피 현상은 조직에도 필연적으로 발생한다. 회사는 처음에 건실한 조직으로 시작된다. 사장도 직원도 회사 내 부여된 역할에 맞춰 충실히 업무를 수행한다. 그러나 시간이 지남에 따라서 점점 질서가 무너지고, 성과가 떨어지기 시작한다.

미국의 학자 토마스 밀러((Thomas W. Miller)는 조직이 쇠퇴하는 원인을 네 가지로 분석했다. 그 원인들의 공통점 중 하나는 '의사소통 부족'이었다. 결국 의사소통이 부족하게 된 이유는 조직 내 어떤 엔트로피(무질서)가 발생해 '사장과 직원', 혹은 '직원과 직원', '부서와 부서' 간에 연결고리가 깨졌기 때문이다.

서로를 믿을 수 없는 사장과 직원

창립 초기에는 사장과 직원 모두 서로에게 믿음을 가졌을 것이다. 사장은 처음엔 '난 절대로 직원을 해고하지 않겠어.'라는 신념을 가졌을지도 모른다. 어렸을 때부터 사회 부조리를 보고, 어른들로부터 약자들에게 잘 대해주라는 이야기를 들으며 자란 사장은 자신은 '악덕' 사장이 되지 않을 거라는 포부를 지녔을 것이다.

그러나 신규 직원은 대개 사장이 원하는 만큼 일을 하지 못한다. 신입사원이기 때문에 업무에 익숙하지 않기 때문일 수도 있고, 임금이 적기 때문일 수도 있으며, 아직 직장 내 체계가 정확히 잡히지 않았기 때문일 수도 있다. 이유가 무엇이든 간에 핵심은 간단하다. 바로 직원이 '임금 노동자'라는 한계 때문에 발생한 현상이다. 사장의 목적은 회사를 '발전시키는 것'이다. 그러나 직원의 목적은 '임금을 많이 받는 것' 그리고 '고용 안정이 보장되는 것'이다. 이처럼 양자의 관심사는 전혀 다르다.

경영학에서는 사장과 직원의 이해관계가 상충되는 원인을 '대리인 이론'을 통해서 설명한다. 대리인 이론은 사장과 직원의 관계는 '주인(Principal)'과 '대리인(Agent)' 관계라 볼 수 있는데, 주인과 대리인 사이에서 정보 비대칭 때문에 벌어지는 문제를 '주인-대리인 문제'라고 한다. 어떤 대리인이든 주인처럼 문제를 구조적으로 생각하지 않는다는 의미로[2] 당신이 사장이고, 직원이 일을 너무 못한다고 치자. 정확히는 직원이 일을 못하는 것이 아니라 하더라도 당신 기준에선 항상 직원이 모자라단 생각을 좀처럼 지울 수 없을 것이다.

그런데 시간이 흘러 직원이 탐탁지 않게 여겨지는 점이 계속해서 쌓인다면, 게다가 당신 사업에 지장이 생기기 시작한다면? 당연히 직원을 내보내고 새로운 사람을 뽑고 싶다는 생각이 들 것이다. 이제 당신은 애초의 신념을 버린 채 직원을 대하기 시작할 것이다. 직원은 결국 대리인에 불과하고, 언제든 갈아치울 수 있다는 생각에 빠질지도 모른다.

당신이 직원을 내보내고 싶다는 생각을 하면 직원은 이를 기가 막히게 잘 캐치해낼 것이다. 인간은 사회적 동물이다. 《인간 본성의 법칙》의 저자 로버트 그린은 어떤 인간이든 능수능란한 정치꾼으로 태어났다고 말했다. 당신이 직원을 싫어하면 직원은 그것을 느낀다. 당신이 직원을 내쫓고 싶어하면 직원은 아마 노무사에게 방문 상담을 예약해뒀을지도 모른다.

결국 언젠가는 사장도 직원도 대립 관계에 접어들 수밖에 없는 숙명에 사로잡히고 만다. 사장과 직원 간 갈등은 조직 내 엔트로피의 증가를 보여주는 증거라고 생각하면 된다.

부서 이기주의

결국 직원은 사장으로부터 신임받기 위해, 조직에 충성하는 것처럼 행동하는 전략을 취할 것이다. 직원은 '난 열심히 하고 있습니다'란 모습을 최대한 보이려고 노력한다. 시키지도 않은 야근을 하며, 사장의 눈치를 보며 일부러 늦게 가기도 한다. 정확히 성과를 목적으로 하는 것이 아닌, 조직에서 살아남기 위한 행동 전략을 취할 가능성이 높다.

물론 실질적으로 성과를 낸다면 당당히 행동하겠지만, 대부분 조직은 성과를 확인하고 측정하기 어려운 경우가 많다. 특히 사무직의 경우엔 성과 측정이 불가능한 경우도 있다. 그리고 성과를 측정하는 경우에는 '당면 과제'에만 집중한 나머지, 다른 중요한 업무는 등한시하게 될 가능성이 있다. 즉 회사의 실질적인 이윤보다 본인의 성과 달성에만 집중하게 되는 것이다.

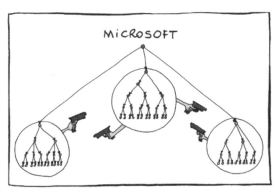

| 마누 코르넷(Manu Cornet)이 성과주의 문화를 풍자해 그린 그림 |

성과에만 집착한 조직은 결국 부서와 부서 간, 혹은 직원과 직원 간 갈등을 가져온다. 대표적인 사례로 마이크로소프트(Microsoft)를 꼽을 수 있다. 마이크로소프트는 오랫동안 성과주의를 고집해왔는데, 그 결과 부서 간 이기주의가 극심해졌고 성과도 급락했다. 위 그림을 보면 부서들이 서로 총을 겨누고 있다. 이러한 상황을 경영학에서는 '사일로(Silo) 현상'이라고 한다.

사일로 현상, 그러니까 부서 이기주의 문제는 중소기업 혹은 3~4인 정도로 구성된 소규모 기업에서도 발생할 수 있다. 직원 간 소통 단절의 예로는 이런 것이 있다. A직원이 B직원을 질투해서 B직원이 수행한 업무가 문제가 있음에도 불구하고 이를 지적하지 않고 회사에 손해가 나도록 방치하는 경우다.

일을 잘못한 B도 문제지만, A에게 사실상 더 큰 책임이 있다. 그러나 사장은 B에게만 화를 낼 것이다. A에게 책임이 있다는 사실은 전혀 모른 채 넘어갈 것이다. 이러한 일이 반복되면 어떻게 될까? 아마 회사는 점점 아수라장이 되어갈 것이다.

소통은 관계 단절 해결책

사일로 현상을 오랜 시간 방치하게 되면 엔트로피가 점점 증가하게 된다. 초기에는 어느 정도 쉽게 사태를 해결할 수 있겠지만, 문제가 하나둘씩 추가되면 언젠가는 걷잡을 수 없을 지경에 이를 것이다. 도무지 어떤 곳에서 문제가 발생하는지 찾지 못하게 되는 셈이다.

직원 수가 적은 조직은 다행히도 이런 문제를 비교적 쉽게 바로잡을 수 있다. 그러나 큰 조직이라면 엄청난 희생을 감수해야만 해결할 수 있을 것이다. 이런 때 가장 손쉬운 해결책이 있다. 바로 제너럴 일렉트릭의 전 CEO 잭 웰치(Jack Welch)가 즐겨 사용하던 '정리해고'가 바로 그것이다.

정리해고는 경영자에게 마법과도 같은 것이다. 망해가는 회사를 회생시키는 놀라운 힘을 지녔으니 말이다. 그러나 정리해고는 조직을 다시 살리기도 하지만 조직 내 자리 잡았던 긍정적인 문화나 지식 등을 훼손시키기도 한다. 그렇다면 정리해고를 하지 않고 조직이 부패하는 것을 막기 위해선 어떻게 해야 할까?

사장과 직원, 직원과 직원 간의 갈등의 시작은 바로 '의사소통'에 있다. 우리는 서로가 서로에게 있어서 대리인 관계에 있다. 그렇기 때문에 우리는 다른 목적을 지닌 존재일 수밖에 없다. 서로 다른 길을 걷는 우리가 소통을 멈추는 순간, 관계는 단절되어 오해를 쌓을 수밖에 없다. 이를 해결할 수 있는 방법은 오로지 '소통'뿐이다. 우리는 '대면 접촉' 혹은 '소통 문화' 조성을 통해 오해를 지워나가야 한다.

무능한 직원들이
회사를 점령한다

・─────・

임금님 귀는 당나귀 귀

대부분 조직은 피라미드 구조를 갖고 있다. 피라미드 형태의
조직은 독일의 사회학자 막스 베버(Max Weber)가 주장한 관료제
이론을 바탕으로 탄생한 걸로 많은 사람이 알고 있다. 베버는
합리적인 조직 구조를 이루려면 명령 통일의 원칙을 따라야 한
다고 했다. 한마디로 명령을 내리는 사람이 '한 명'이어야 한다
는 소리다. 하나의 조직에서 여럿의 목소리를 반영하게 되면 '혼
란'스러워진다는 것이다.

하지만 조직이 피라미드 형태인 이유는 사실 인간 본성 때문
이다. 인간은 '자아 고양직 편견(Self-serving Bias)'이란 심리적 보
호기제를 갖고 있다. 사람들은 자신의 심리를 보호하기 위해서

자신에게 불리한 사실은 유리하게 생각하고, 자신에게 유리한 사실은 더 부풀려서 인식한다. 쉽게 설명하면, '내가 하면 로맨스고, 남이 하면 불륜'인 것이다.

조직을 대표하는 사람도 사람인 이상, 이런 심리적 오류의 적용을 받는다. 당연히 자신의 의견에 반박하거나 저항하는 사람들을 싫어하기 마련이다. 예를 들어 역저 《사기》의 저자 사마천은 황제에게 항상 충언했으나 남자로서 가장 치욕스러운 궁형을 당하고 옥살이를 했다.

조직을 만든 CEO들은 대개 자신의 지위를 불안하게 여긴다. 지위를 잃는 것을 두려워하기 때문에 지위를 잃지 않기 위한 수단을 강구하는데 그중 하나가 바로 '중앙집권적 통제수단'이다. 그렇기 때문에 조직이 대부분 피라미드 형태를 띠게 되는 것이다. 최근 수평적 구조를 선호하는 이들에 의해 '애자일(Agile) 조직 구조', '네트워크 조직 구조' 등이 탄생하고 있다. 그러나 그러한 조직도 환경이 안정되면 저절로 '피라미드 조직 구조'가 되고 만다. 이것이 바로 조직이 취하게 되는 공통적 숙명이다.

인간은 누구나 지위 상실에 대한 불안을 마주한다. 최고경영자에서부터 이사, 중간관리자 등도 마찬가지다. 이들은 자신의 지위를 유지하기 위해서 '명령체계 일원화의 원칙'을 발명한다.

'임금님 귀는 당나귀 귀'라는 동화를 읽어봤을 것이다. 그 동화에서도 볼 수 있듯이 임금 앞에서 '임금님은 지금 잘못하고 계시는 겁니다'라며 직설적으로 말할 수 있는 신하는 거의 없다. 임금이 자신의 충언을 달갑게 여기지 않을 것이 뻔하기 때문이다. 이것은 이미 수천 년 된 역사가 증명하는 사실이다.

오늘날도 상황은 마찬가지다. 용감하게 직언을 하는 사원도, 그런 사원의 의견을 겸허히 받아들이는 CEO도 거의 없다. CEO는 사원에게서 감언이설을 듣길 원하지, 현실적인 비판을 듣고 싶어하지 않는다. 그렇기 때문에 조직 구조는 인간 본능의 법칙에 따라서 위에서부터 아래로 내려오는 톱다운(Top-down) 방식을 취하게 된다.

꼰대 문화의 탄생

여기서 '톱다운'이란 의사소통의 방향을 의미한다. 즉 상사가 부하직원에게 명령을 내리는 것을 의미한다. 반대로 바텀업 (Bottom-up)이라는 것도 있는데, 이는 말단사원이 상사에게 보고하는 것을 의미한다고 생각하면 된다.

문제는 톱다운식 의사소통에서 드러난다. 사원들의 고충은 위로 올라가지 못한다. 환경 변화에 적응해야 할 조직에서 가장 치열한 환경 접점에 있는 말단사원들의 이야기가 반영되지 않는 것이다.

이런 일이 발생하는 이유는 간단하다. 바로 상사 때문이다.

이들은 회사에서 자신의 자리를 보전하기 위해 특이한 형태를 본능적으로 취하게 된다. 바로 '꼰대'가 되는 것이다. 이들이 자연스레 '라떼'를 시전하는 이유는 이들도 사람이기에 지위를 보전하고 싶은 기질을 타고났기 때문이다. 나는 이러한 기질을 '꼰대 기질'이라고 생각한다. 상사는 자신의 지위를 잃는 것을 두려워한다. 지위를 잃는다는 것은 곧 조직에서 방출되는 것을 의미하기 때문이다. 그렇기 때문에 자신의 공적은 크게, 아래 직원의 공적은 자신의 것으로 삼는다.

회사에 특출난 직원이 있다고 치자. 왠지 사장의 눈에 들 것만 같다. 상사는 특출난 직원을 압박하기 시작한다. 드라마 〈청춘기록〉을 보면 메이크업 스타일리스트 박소담(안정하 역)의 상사 조지승(진주 역)은 박소담이 자신의 고객을 자연스럽게 빼앗아 가자 박소담이 남자에게 꼬리 치고 다닌다고 악의적인 소문을 내기 시작한다. 조지승은 박소담에게 "이것 봐. 나만 나쁜 년으로 만든다니깐", "그렇게 내 고객들한테 끼부리면서 빼앗아 가니깐 좋아?" 등의 발언을 한다.

하지만 객관적으로 보았을 때 고객이 스타일리스트를 선택하는 것이지 스타일리스트가 고객을 빼앗는 것이 아니다. 그러나 조지승은 박소담을 "넌 나쁜 아이니깐" 하며 몰아붙인다. 주머니 속의 송곳은 감추려 해도 감추어지지 않는다는 말이 있다. 그러나 현실에서 주머니 속의 송곳은 밟으면 정말 감춰진다. 결국 박소담은 회사에서 퇴사하고 자신의 회사를 열게 된다.

상사의 목적은 회사의 이윤 창출이 아니다. 자신의 지위 보전이다. 그렇기 때문에 상사는 자신의 입맛에 맞는 직원들을 선호하게 된다. 부하직원들의 성과가 목적이 아닌 철저히 자신의 자리보전이 목적이기 때문이다.

그러나 그들을 탓할 수만은 없다. 안타까운 것은 이것이 바로 인간 본성의 한계이기 때문이다. 조직 내 모든 구성원이 회사의 성장을 다 함께 추구하도록 만들 수는 없을까? 우리는 어쩌면 인간에 대해 너무 큰 기대를 갖는 것이 아닐까.

무임승차자들이 만들어가는 무능한 조직

결국 상사의 압박으로 부하직원들은 수동적이 된다. 부하직원들은 긍정적인 비판을 하고 싶어도 못한다. 상사의 지시만 따르는 로봇처럼 전락해버린 것이다. 넷플릭스에 꼰대 기질을 지닌 상사가 있었다고 가정해보자. 그럼에도 넷플릭스는 직원들을 최대한 해고시키지 않으려고 할 것이다. 한번 직원을 해고하게 되면 조직 문화를 해칠 수 있기 때문이다. 그런데 무능한 상사는 유능한 직원도 무능하게 만든다. 이는 연구 결과로 익히 밝혀진 사실이다.

유능한 직원들 사이에 무능한 직원(상사)을 끼워넣으면 어떤 현상이 벌어질까? 무능한 직원이 더 열심히 일해서 유능한 직원을 닮으려 할까? 아니다. 오히려 그 반대다. 유능한 직원들이 무능한 직원의 나쁜 행동을 그대로 답습하기 시작한다. 결국 유능한 조직을 무능한 조직으로 만들어버리는 엔딩으로 끝난다.

무능한 직원을 다른 시각으로 보면 '무임승차자(Free-rider)'라고 볼 수 있다. 무임승차자는 일을 열심히 안 하게 된다. 이들은 사장이나 다른 상사의 눈치를 보며 그들이 만족할 만한 성과만 보일 뿐, 회사를 위한 진짜 성과는 내지 못한다.

그런데 무임승차자는 정서 전이(情緒轉移, Emotional Contagion)를 조직 전반에 일으킨다. '정서 전이'란 타인이 정서를 경험할 때 나타내는 목소리, 표현, 몸짓, 동작 등을 자동적으로 흉내 내고 따라 함으로써 점차 그 사람과 동일한 정서를 경험하게 되는 경향을 말한다. 정서 전이는 무의식적, 자동적으로 일어나는 일차적 과정이다.[3] 이러한 정서 전이로 인해 조직 전반에는 무임승차 전염병이 번지기 시작한다.

문제는 무임승차 전염병이 막 퍼지기 시작한 때에는 누가 그것을 퍼트렸는지 알 수 있지만, 시간이 흐를수록 그 시발점인지 찾을 수 없게 된다는 점이다. 만약 조직이 수백 명이라면? 답은 간단하다. 영영 찾을 수 없게 된다.

무임승차 전염병이 무서운 이유는 감염 사실을 쉽게 파악할 수 없다는 데 있다. 그렇게 되는 가장 큰 이유는 꼰대 문화, 수직적 문화에서 찾을 수 있다. 수직적 문화에서는 비판적 토론이 상사들이 만든 암묵적인 룰에 의해 금지되기 때문에 조직 구성원들의 억눌린 욕구에서 불만이 터져나올 수밖에 없다.

그런 가운데 무임승차 전염병이 퍼지고 유능한 직원도 무임승차 전염병에 걸리게 된다. 무임승차 전염병은 진단 키트를 마련해도 놓치기 쉽게 마련이다. 조직 내에서 무임승차 전염병이 발생하면 무임승차 전염병에 감염된 환자는 조직을 몰래 무능하게 만들기 때문이다.

사장에게 직언을 올리지 않는 직원들이 나타나고, 이들은 지능적으로 정보를 통제하고 자신에게 유리한 생태계를 조성한다. 이들은 뛰어난 직원은 내보내고, 자신과 성향이 비슷한 직원들로 무리를 규합한다. 바로 여기서 '정보의 밀집성'이 생긴다. 무임승차 전염병에 감염된 소수의 직원들은 서로 담합하고 무언의 계약을 맺는다. 계약 내용은 이러하다. '누구도 열심히 일하지 않을 것', '한 명의 비리는 모두의 비리라는 것을 명심할 것', '잘못이 발생하면 숨길 수 있으면 숨길 것.' 바로 이것이 무능한 조직이 탄생하게 된 역사적 배경이다. 문제는 무임승차 전염병이 내부로부터 퍼져나간다면 그 어떤 유능한 사장도 어디서 뭐가 잘못됐는지 파악하기 어렵다는 것이다.

다 같이 손잡고 멍청해진다

상사들은 자신의 지위를 보전하려 하고, 소수의 이기주의자들은 조직 내 자신의 이득만 극대화하려 한다. 회사 내부에는 서로 자신의 성과라고 주장하는 사람들로 넘쳐난다. 모두가 성과를 냈다는 듯이 자랑한다. 그런데 실제로는 성과가 아니라 쇠퇴의 길을 걷고 있었던 것이다. 연말이 되어서야 조직은 자신이 얼마나 멍청한 짓을 벌이고 있었는지 깨닫는다. 대차대조표에 부채 비율이 점차 증가하고 있을 테니 말이다.

그렇다면 직원들이 무능해지지 않도록 하기 위해선 어떻게 해야 할까? 참고로 여기서 직원은 CEO도 포함된다. CEO 또한 자신에게 잘못된 심리적 보호기제, 즉 자기 고양적 편견이 내재되어 있다는 사실을 직시해야 한다. 넷플릭스를 구멍가게에서 세계 최고의 회사로 끌어올린 리드 헤이스팅스(Wilmot Reed Hastings Jr)는 권위에 위축되어 아무도 사실을 직고하지 않는다면 회사가 곤경에 처할 수 있다고 말했다.

앞에서 나는 의사소통의 중요성을 설명했다. 그러나 아첨뿐인 소통은 의미가 없다. 중요한 것은 회사에 도움이 되는 사실을 소통할 수 있느냐에 달렸다. 긍정적인 소통은 긍정적인 피드백을 가져온다. 문제를 알리고, 문제를 해결하기 위해 노력하는 것이 바로 피드백이다. 리드 헤이스팅스는 긍정적인 피드백 루프는 성과를 개선하는 데 도움이 된다고 주장했다. 피드백은 오해를 피하게 해주고, 공동의 책임감을 조성하며 위계와 규정의 필요성을 줄이기 때문이다. 그렇다면 여기서 우리가 얻을 수 있는 교훈이 있다. 아첨하는 자들은 멀리하고, 비판이라도 첨언할 수 있는 직원들로 가득한 회사를 만들어야 한다는 것 말이다. 우리는 비판을 통해서 비로소 성숙할 수 있다.

성공하는 조직이 되려면, 사장과 상사가 가져야만 하는 태도가 있다. 그것은 비판을 겸허히 받아들일 줄 아는 용기라고 할 수 있다. 당신은 비판을 수용할 수 있는 용기가 있는가?

야만적인 토너먼트 게임을 시작한다

조직은 거대한 원형 경기장

관객들이 투박한 돌로 된 난간에 몸을 앞으로 쭉 빼고 서 있고, 몇몇 사람은 양피지에 펜으로 무언가를 써내려가고 있다. 잉크가 말라붙어 더럽게 보이는 손을 불끈 쥔 그들은 묘한 감정에 휩싸인 채 경기장 안쪽을 들여다본다. 곧 팡파르가 경기장에 둔중하게 울리고 손에 검을 쥔 검투사들이 입장하기 시작한다. 황제는 만면에 웃음꽃을 띤 채로, 두 팔을 벌리고 관객들을 진정시킨다. 모두가 숨죽인 채 그를 쳐다본다.

"이사 여러분들! 우리 회사에서 가장 뛰어난 자들을 가리는 게임을 시작하겠습니다. 이 게임에서 진 자들은 전부 즉시 처형하도록 하겠습니다!"

황제의 말이 끝나자마자 관객들은 누런 이빨을 내보이면서 환호성을 지른다. 여기서 황제는 사장이고, 관객들은 주주, 그리고 검투사는 직원이다. 이렇듯 오늘날 조직은 거대한 원형 경기장이 되었다.

나의 승진은 곧 너의 퇴사

조직은 시간의 흐름에 따라서 엔트로피가 증가하게 된다. 엔트로피 증가 현상이 발생할 때 어떤 조치를 취해서 문제가 발생하는 걸 막아야 하는데, 그런 조치 가운데 하나가 바로 토너먼트 게임이다. 토너먼트 게임은 미국 스탠퍼드 경영대학원 에드워드 라지어(Edward Lazrear) 교수가 주창한 것으로, 직원들을 검투사처럼 토너먼트 경쟁을 붙이고 결과에 따라 보상을 지급하는 것이다. 게임이라고 하지만 결과는 무시무시하다.

토너먼트 게임의 대상은 조직의 가장 말단에 있는 직원부터 CEO까지 전부 포함된다. 성과에 따라 누가 승진하게 될지 결정된다. 직원들은 서로 경쟁자가 된다. 경쟁이 시작되면 타성에 빠지는 것을 막을 수 있는 이점이 있다. 한시라도 가만히 있을 수 없고, 상사의 눈치도 볼 필요도 없다. 책임은 곧 본인이 지는 것이기 때문이다.

물론 상사라고 토너먼트 경기장 바깥에서 주주처럼 팔짱 끼고 경기를 구경할 수 있는 것은 아니다. 상사들은 각자의 팀원 중 가장 일을 잘할 것 같은 사람들에게 베팅을 시작한다. 한마디로 유능한 플레이어들을 관리·감독하기 시작하는 것이다. 유능하고 말 잘 듣는 플레이어들에겐 팁과 노하우를 전수하고, 멍청하고 말을 안 듣는 플레이어는 벤치를 지키도록 지시한다.

토너먼트 게임은 피라미드 조직에 있어서 반드시 필요하다. 모두가 성과를 잘 내서 승진하면 좋을 것이다. 그러나 피라미드 구조상 위계서열이라는 것이 존재하고, 누군가는 나가야 승진할 수 있는 자리가 생긴다. 승진할 수 있는 길이 막히면 내부적으로 불만이 터져나오고, 직원들은 불공정에 대해 이야기하기 시작한다.

결국 토너먼트 게임은 엔트로피 증가를 막기 위한 보조 장치로 사용되는 도구다. 물론 엔트로피 증가를 막는 모든 도구는 누군가를 내쫓기 위한 뽕망치라고 생각하면 된다. 승진이 존재한다는 건 누군가의 퇴사를 반증한다고 생각해야 한다.

토너먼트 게임은 과연 합리적일까?

토너먼트 게임은 얼핏 합리적인 것처럼 보인다. 이유는 간단하다. 당신이 스스로 잘하고 있는지 모를 땐 남들이 하고 있는 걸 그대로 따라 하면 된다. 조직도 마찬가지다. 왜 모든 병원은 비슷하게 생긴 병상에, 간호사들은 동일한 하얀색 가운을 입고 있을까? 왜 모든 은행엔 순번 대기표가 있고, 깔끔하게 생긴 안내원이 있을까? 물론 법 때문에 그럴 수도 있다. 그러나 법이 없다고 하더라도 그들은 대개 비슷한 형태를 지니고 있을 확률이 높다.

다른 예를 들어보자면 맥도날드, 롯데리아, 버거킹은 매우 비슷한 방법으로 사업을 영위한다. 동일한 주문 대기표에 비슷해 보이는 짙은 갈색 트레이, 그리고 주문을 받는 젊은 점원, 주방 뒤에는 소고기 패티를 굽고 있는 요리사, 전반적으로 분주한 듯 보이는 분위기. 햄버거를 만드는 데 '법' 같은 게 필요할 리 없다. 그런데도 그들은 동일한 제조 현장 라인처럼 햄버거와 감자튀김을 만들고 있다. 모든 롯데리아 주방에는 고든 램지 같은 쉐프 대신 기계처럼 햄버거를 만드는 로봇 인간만 있을 뿐이다.

이처럼 조직 형태, 구조는 전염병처럼 퍼진다. 누군가 실험적으로 조직에 토너먼트 게임을 개최했다고 치자. 그 누군가는 로마 원형 경기장에서 콜로세움 경기를 즐겨 보던 원로원일 수도 있고 아니면 경마장에서 인생을 걸고 베팅하는 도박꾼일 수도 있다. 아마도 그는 직관에 따라서 토너먼트 게임을 개최했을지도 모른다. 아무튼 게임을 열자 성과가 떨어지던 조직이 마법처럼 되살아나는 신기한 현상을 목격한다. 도박꾼의 조직이 눈덩이처럼 거시사 이를 관찰하던 질투쟁이가 자신의 조직에 똑같이 토너먼트 게임을 도입했을 것이다.

토너먼트 게임은 역사적으로 수많은 조직과 직원들의 희생 속에서 천천히 검증 과정을 거쳐왔다. 우리 사회의 거의 모든 조직이 토너먼트 게임을 펼치고 있는 사실을 고려한다면 효과적이라는 데 이견이 크게 없어 보인다.

토너먼트 게임이 처음 유행하기 시작한 건 19세기 중엽이었다. 경영학의 아버지라고 불리는 저명한 학자 프레더릭 윈즐로 테일러(Frederick Winslow Taylor)는 직원들이 집단적으로 일을 하지 않는 현상을 발견했고, 이를 해결하기 위한 방법으로 '과학적 관리법'을 주장했다. 과학적 관리법은 성과에 따라 보상을 차별적으로 지급하는 방식의 경영기법이다. 당시 센세이션을 일으킨 과학적 관리법은 이후 급여뿐만 아니라 승진에 있어서도 차별을 두기 시작했다. 바로 이것이 성과주의의 시작이자, 토너먼트 게임의 시작인 셈이다.

과학적 관리법은 지금까지도 수많은 기업들이 사용하고 있는 기법이다. 산업혁명 때부터 검증된 시스템이기 때문에 아무도 의심하지 않는 것처럼 보인다. 그러나 토너먼트 게임을 '합리적 신화(Rational Myth)'라고 비판하는 이들도 적지 않다. 그런 사람들은 수직적, 위계적, 성과주의, 토너먼트 게임 등의 이야기를 들으면 질색한다. 지금처럼 급변하는 환경에서는 수평적 조직이 가장 합리적이라고 생각하기 때문이다.

야만적이지만 모두가 동의한 게임

최근에는 과학적 관리법에 대한 비판자들의 의견에 무게가 실리고 있다. 과거 대량생산 시대와 달리 현대의 소비자들의 다채로워진 욕구를 따라잡기 위해선 성과주의나 토너먼트 게임을 통한 경쟁 문화보다는 협업과 소통하는 문화가 더 중요해졌기 때문이다. 그러나 대부분 회사는 여전히 피라미드 형태이고, 누군가 승진하려면 누군가 나가야 하는 구조다.

피라미드 조직 구조, 아니 조직 문화라고 하자. 피라미드 조직 문화가 찍어낸 동일한 형태의 조직들은 모두 피라미드 형태고, 모든 조직들은 피라미드가 가장 합리적이라는 신화에 빠져 있다. 피라미드 형태에선 열 명을 채용하면 다섯 명만 대리로 승진할 수 있고, 대리 중에선 세 명이 과장으로, 과장 중에선 두 명이 부장으로, 부장 중에선 한 명만 임원으로 승진할 수 있다.

조직 입장에선 경쟁해서 이긴 자만 남았기 때문에 가장 유능한 직원들이 살아남았다고 생각할 가능성이 크다. 이는 직원들 입장에서도 마찬가지다. 직원들은 직급이 올라갈수록 자신의 정체성에 대한 확신과 위안을 얻는다. 특히 임원인 직원은 경쟁자 아홉 명을 물리친 셈이다. 아마도 그는 피라미드 조직 구조가 영원히 유지되길 원할 것이다. 일종의 기득권이기 때문이다. 그렇기 때문에 임원이 바라는 바에 따라 조직은 언제까지나 피라미드 형태를 취할 것이다. 물론 토너먼트 게임의 패배자가 불만을 갖지 않겠느냐고 되물을 수도 있다. 그러나 조직에서 퇴출된 자는 말이 없다. 패배자들의 불만은 완벽히 묵살된다.

이것이 바로 토너먼트 게임이 야만적인 이유다. 무릇 제대로 된 조직이라면 불만을 가진 자들의 비판도 수용할 수 있어야 한다. 그러나 대부분의 조직은 기득권자들이 지배하는 구조이기 때문에 누군가 뛰어난 인재를 찾으려 하기보다는 자신들의 기득권을 위해 누군가를 내보내려 한다. 마치 고대 원형 경기장에서 사형식을 거행하듯 말이다.

그러나 기득권 층에게 끌려 다니는 조직이 얼마나 오래갈 수 있을까? 급변하는 환경 속에서는 경쟁보다 협력이 중요해진다. 직원들은 언제든지 갈아 치워도 되는 도구가 아니다. 직원들이 서로 경쟁하고 칼을 겨누며 흩어져 있으면 결코 성공할 수 없다. 그들을 규합해서 협력적 관계를 조성해야 성공할 수 있다. 이제 야만적인 토너먼트 게임을 펼치는 회사가 과연 살아남을 수 있을지 다시 한번 의심해볼 차례가 온 것 같다.

멈추어 생각해보기

반드시 경쟁만이 능력 있는 구성원을 가려낼 도구일까?
경쟁 기반의 조직에서는 결국 내부적 분쟁이 일어나지 않을까?
최근에 구글, 페이스북 등 글로벌 기업에서 나타난 수평적 조직 문화 성공 사례와 그 비결을 알아보고, 배우고 적용할 점을 정리해보자.

직원 청소를
시작한다

───●───

규모가 커지면 복잡성도 증가한다

스칸디나비아 반도에 서식하는 레밍이라는 설치류가 있다. 레밍은 개체 수가 급증하면 우두머리를 따라 호수나 바다에 뛰어들어 집단 자살을 하는 동물로 유명하다. 그런 모습을 보고 아무 생각 없이 무리를 따라 집단 행동하는 것을 '레밍 신드롬'이라 표현하기도 한다.

그런데 레밍의 집단 자살은 우리 눈에는 우둔해 보이겠지만, 사실 레밍이라는 종 전체를 위해서는 옳은 선택이다. 개체 수의 급격한 증가는 같은 동네 이웃 레밍들의 터전을 고갈시킨다. 어떤 지역이든 자원은 한정돼 있다. 무한정 번식은 종 전체에 위기를 가져올 수 있다.

조직도 마찬가지다. 조직은 시간이 지날수록 엔트로피가 증가한다. 엔트로피가 증가하는 이유는 복잡성(Complexity)이 증가했기 때문이다. 보통 회사가 성장하면 그에 따라 매출액이 늘어나고 조직 규모도 커지게 된다. 그런데 문제는 조직 규모와 매출액 등 여러 가지 성장 요인과 함께 복잡성도 증가한다는 데 있다.

규모와 복잡성은 비례 관계에 있다. 나는 복잡성과 엔트로피는 사실상 비슷한 개념이라고 생각한다. 즉 회사의 규모가 커진다 하더라도 점점 규모의 경제라는 유효성은 점점 반감되기 시작할 것이다. 그리고 여기에 더해 원인을 알 수 없는 문제들이 산더미처럼 쌓이면 결국 대규모 해고에 직면하게 되는 것이다.

어디가 문제인지 알 수가 없다

삼성이나 현대 같은 대기업은 겉으로는 무척 튼튼하고 체계적으로 보인다. 그런데 체계적이란 표현은 안정적으로 느껴지지만 안정의 이면에는 비탄력적, 고정적이란 의미가 숨어 있다.

즉 안정적 환경에선 더없이 높은 성과를 내지만 급변하는 환경이 도래하면 와해될 수도 있는 약점을 동시에 갖고 있는 것이다. 어떤 조직이든 안정과 변화라는 상충된 두 가지 경기를 한꺼번에 치르고 있는 셈이다. 바로 여기서 오는 불협화음이 조직이 극복해야 할 숙명적 과제다. CEO의 핵심적 역량 중 최우선은 바로 변화를 감지하고 변혁을 주도할 수 있는 능력이다. 그 능력이 있어야만 조직을 안정시킬 수 있다.

그런데 문제가 있다. 과연 CEO가 불확실한 상황 속에서 합리적인 의사결정을 할 수 있을까? 아마 그들은 잡다한 수많은 문제 속에서 무엇을 해결해야 할지 모르는 상태에 놓여 있지 않을까?

조직이론의 저명한 학자인 제임스 마치(James G. March) 교수는 조직이 겉으로 보기엔 합리적으로 의사결정을 하는 것 같지만, 실제로는 쓰레기통을 비우듯이 뒤죽박죽 의사결정을 한다면서 '쓰레기통 모형(Garbage Can Model)'을 주장했다. 쉽게 말해서 어떤 CEO가 뛰어난 혜안을 지니고 있다고 치자. 그런데 보고서들이 쓰레기 더미처럼 쌓여 있다. 그런 상황에서 CEO가 과연 올바른 의사결정을 할 수 있을까? 절대 그럴 수 없을 것이다.

그런데 많은 사람은 구글, 페이스북, 테슬라, 삼성, 애플 등의 세계 우수의 기업들은 왠지 과학적이고 체계적으로 미래를 예측할 거라고 생각한다. 그러나 구글 CEO 래리 페이지(Larry Page)는 자기 회사에서 뭘 만들고 있는지조차 모를 가능성이 크다. 테슬라 CEO 일론 머스크(Elon Musk)는 5년을 내다보며 계획을 세우지만, 불과 한 달 뒤에 계획을 전면 수정하게 될지도 모른다. 누구도 미래에 어떤 일이 벌어질지 모른다.

CEO들의 책상 혹은 두뇌에는 수많은 문제들이 산적해 있기 때문이다. 그들은 그저 떠오르는 생각들을 즉흥적으로 그때그때 반영하고 있을 가능성이 높다. 심지어 일론 머스크가 트위터에 "비트코인을 샀어야 했다"고 글을 남기고 얼마 지나지 않아서 테슬라는 비트코인에 15억 달러나 투자하기도 했다.

아무래도 CEO들은 잡동사니처럼 쌓인 대안 중 하나를 선택해서 즉흥적 결정을 내리는 것 같다. 잘못된 결정인지 좋은 선택인지 모른 채 그들은 수많은 직원을 태우고서 망망대해를 헤엄친다. 물론 결정이 옳지 않을 가능성이 더 높을 테니 성과는 점점 줄어들 것이다. 결국 직원들은 침몰하는 배에 타고 있는 것과 같다. 어느새 직원들의 발목에 물이 차오르기 시작했다. 선박의 어디에선가 문제가 발생해 물이 새고 있는데, 정확한 문제 지점을 전혀 알 수가 없다.

CEO가 무능한 이유

그렇다면 CEO들이 왜 이토록 무능할까? CEO가 무능한 이유는 사실 인간이라는 한계 때문이다. 누가 CEO가 되더라도 무능의 격차만 있을 뿐이다. 간단하게 세 가지 이유를 들어서 설명하도록 하겠다.

첫째, 조직이 커질수록 리더의 통제권이 줄어들기 때문이다. 1명이 통제할 수 있는 숫자는 많아봐야 10명이다. 그 이상을 통제하는 것은 힘들다. 그렇기 때문에 회사에서 팀 인원을 6명에서

9명대로 유지하는 것이다. 미국의 저술가 스티븐 로빈스(Stephen P. Robbins)와 티모시 저지(Timothy A. Judge)에 따르면 가장 성과를 많이 낼 수 있는 팀의 인원은 7명이라고 한다. 즉 전체 인원이 700명인 회사라면 고성과 팀을 만들기 위해서는 약 70개의 팀을 구성해야 한다는 것이다. 그렇다면 리더가 70명이 필요하다는 것을 의미한다.

리더가 70명이라는 것은 권한이 분배된 70명의 리더가 있다는 의미다. 이는 리더 간의 권력 다툼이 시작될 수 있음을 의미한다. 결국 팀 간 권력 다툼, 소통 단절은 조직 내 이질성을 증가시킨다. 팀 간 교류는 더욱 단절될 수밖에 없다. 이러한 단절을 줄여주고 팀과 부서 간 간극을 좁혀주는 것은 공식적인 대화 통로가 아닌 비공식적인 대화 통로다. 우리는 흔히 동료 직원과 커피를 마시거나 술을 한잔 걸치곤 한다. 그러면서 주고받는 말 대부분은 목적이 없는 경우가 허다하다. 이러한 모든 만남이 바로 비공식적 대화 통로이다. 결국 CEO는 수많은 권력 다툼 속에 조작된 보고서를 받고 의사결정을 내려야 하는 한계에 내몰린다.

둘째, 인간의 특성 때문이다. 우리 인간들은 대화라는 것 없이는 좀처럼 견디기 어려워한다. 대부분의 학자들은 인간의 언어가 정보 공유를 통해 발전했다고 본다. 즉 인간이 언어를 사용하는 이유는 정보를 공유하고, 수다를 떨기 위한 것이다. 회사에서 어떻게 하면 높은 평가를 받을 수 있다든지, 반대로 어떻게 하면 짤린다든지 하는 소문들은 객관적 사실이 아님에도 불구하고 조직 도처에 흐르고 있다. 이처럼 인간은 사실보다는 수다 떠는 걸 더 즐거워하는 것으로 보인다. 그리고 조직에 돌아다니는 수많은 소문은 결국 조직에 있는 사람 수에 따라 늘어날 수밖에 없다. 소문들은 조직 구성원들을 불안에 처하도록 만든다.

셋째, 정치 행위 때문이다. 조직에 사람이 많아질수록 정치 행위가 늘어날 수밖에 없다. 이와 관련하여 저명한 학자 유발 하라리(Yuval Noah Harari)는 의미 있는 견해를 피력했다. "뒷담화는 악의적인 능력이지만, 많은 숫자가 모여 협동을 하려면 사실상 필요하다." 즉 인간은 뒷담화를 통해서 문명을 일궈낸 셈이다. 사람은 정치 행위를 할 수밖에 없는 유전자를 타고난 것이다.

인간이 약 7만 년 전 획득한 능력은 몇 시간이고 계속해서 수다를 떨 수 있게 해주었다. 누가 신뢰할 만한 사람인지에 대한 믿을 만한 정보가 있으면 작은 무리는 더 큰 무리로 확대될 수 있다. 이는 인간이 더욱 긴밀하고 복잡한 협력관계를 발달시킬 가능성이 있다는 뜻이기도 하다.[4]

정치 행위는 조직을 복잡하게 만든다. "A에게 연락이 오면 즉시 나에게 보고해", "오늘 회식자리에서 있었던 일 누구에게도 말하지 마", "우리 사이의 비밀이야", "그 일에서 손 떼" 등등의 말은 사람들이 회사 내에서 정치 행위를 하고 있다는 것을 의미한다. 정치 행위로 난잡해진 조직의 CEO는 점점 불확실한 정보에 의존해서 중요한 결정을 내려야만 한다.

CEO를 무능하게 만든 직원들

이야기를 종합해보면 CEO가 무능해지는 원인은 직원들 때문이다. 직원들의 숫자가 많아질수록 CEO는 직원들을 일일이 통제할 수 없다. 그런데 직원들은 회사 도처에 자신의 정치적 이득을 위해 근거 없는 소문을 조장하기 시작한다. 결국 불안으로 가득한 조직이 조성되고, CEO에게는 잘못된 정보가 올라간다. 직원 말단에서부터 시작된 조작된 정보는 의사 결정권자가 잘못된 의사를 내리게 만든다.

레밍의 비밀을 하나 더 들려주고 싶다. 레밍이 집단 자살을 하는 이유는 근시이기 때문이다. 멀리 내다볼 수 없기에 앞에 낭떠러지가 있는지, 바다가 있는지 모른 채 오로지 우두머리만 쫓아서 앞으로 돌진할 뿐이다. 물론 우두머리도 근시인 건 마찬가지다. 결국 수많은 레밍은 한 치 앞도 볼 수 없는 리더에게 자신들의 목숨을 맹목적으로 맡긴 셈이다.

CEO 또한 미래를 예측할 수 없다는 점에서 일종의 근시다. 그런데 CEO를 근시로 만든 데 한 몫 보탠 것은 정치 싸움에 바쁜 직원들이다. 레밍 무리는 적어도 우두머리를 의도적으로 근시로 만들진 않았다. 그러나 직원들은 CEO를 의도적으로 멍청하게 만들었다. 레밍 무리와 인간 무리 중 누가 더 어리석은지 살펴본다면 왠지 인간이 꼽힐 것 같다.

근시인 CEO는 조직을 잘못된 방향으로 이끌어 점점 성과는 하락하고, 조직은 쇠퇴의 길에 접어든다. CEO는 결국 대량 해고를 시작할 수밖에 없게 된다. CEO를 무능하지 않게 만들려면 어떻게 해야 할까? CEO는 어떻게 해야 레밍들을 이끌고 용맹하게 금의환향할 수 있을까?

바로 소통에 달려 있다. 레밍은 한 마리, 한 마리를 놓고 볼 때는 근시다. 그러나 여럿이 주변을 탐색한다면 위험을 감지할 수 있다. 레밍을 집단 자살만 하는 멍청한 동물이 아니다. 레밍은 오히려 용감한 개척자이기도 하다. 만일 우두머리 레밍(CEO)이 뒤따라오던 동료들(직원들)과 소통하고, 협력하고, 긍정적인 비판을 수용할 줄 알았다면 어땠을까?

한 용감한 레밍의 이야기를 들려주도록 하겠다. 용감한 레밍은 동료들과 소통하고, 목표를 정해 저돌적으로 앞으로 달려갔다. 주변 사람들은 우두머리 레밍과 그 무리를 비웃으면서 말했다. "결국은 앞서 같은 길을 걸었던 사람처럼 수억 달러를 낭비할 것이다", "자동차 산업계에서 성공한 신생 기업은 1925년 설립한 크라이슬러가 마지막이다"[5] 아마도 우두머리 레밍은 길을 잃고 지쳐갔을지도 모른다. 그런데 한 치 앞도 보이지 않았던 우두머리 레밍은 동료들로부터 조언을 구하고 진지하게 받아들일 줄 알았다. 확신에 찬 레밍은 결국 스페이스X, 테슬라를 초일류 기업을 만드는 데 성공했다. 그는 일론 머스크다.

사업가들끼리 하는 말이 있다. 예측은 3할이고 대응이 7할이라고. 비록 미래를 예측하는 능력이 부족하더라도 우리는 소통을 통해 빠르고 현명하게 대응할 수 있다.

멈추어 생각해보기

CEO가 잘못된 판단을 내리지 않게 하기 위해선
어떻게 해야 할까?

직원과 CEO가 협력해 조직을 성장으로 이끌기 위해서는 어떠한 것이 필요한지 알아보기 위해, 최근 조직 문화 혁신을 이루고 있는 다른 기업들의 예를 살펴보자.

2장

버텨야 하는
직원의 속사정

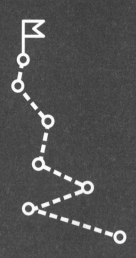

직원은 기생충
취급을 받는다

––•––•––

직원은 조직의 기생충?

봉준호 감독은 영화 〈기생충〉에서 한 가족이 다른 가족의 집 안으로 들어가는 과정을 그려냈다. 불우한 가정의 구성원이 하나둘씩 유복한 가정의 과외선생, 가정교사, 운전사로 침입한다. 그리고 나중에 이들은 집 안을 온통 헤집고 다니며, 급기야는 집 주인 이선균(동익 역)을 죽인다.

영화 〈기생충〉은 두 가정이 망해버리는 배드엔딩으로 막을 내렸다. 어쩌면 기생충을 인간관계에 적용하는 것은 이상해 보일지도 모른다. 그러나 사실 기생충의 어원은 '사람'에 있었다. 기생충을 의미하는 영단어 Parasite는 '다른 이의 음식을 빼앗아 먹는 사람'을 가리키는 고대 그리스어에서 유래됐다.

기생에 대한 가장 보편적인 정의는 1897년 독일 학자 안톤 드베리(Anton Debery)가 내린 것이다. 그는 "자유 생활과는 반대되는 개념으로, 두 생명체가 밀접한 연관관계를 맺고 살아가며, 대체로 한 생명체가 다른 생명체의 체내 혹은 그 위에 살아가는 관계"[6]로 정의했다. 사실 조직과 직원의 관계를 기생관계라고 표현하는 것은 잘못된 것일지도 모른다. 왜냐하면 조직은 직원이 없으면 제대로 운영되지 않고, 직원은 조직이 없으면 경제 활동의 기초인 돈을 벌어들일 수 없기 때문이다. 처음에 양자는 서로 운명 공동체적 관계였을지도 모른다. 그런데 그 관계가 시간이 흐름에 따라 잘못된 관계로 변질되기도 한다.

예컨대 영화 〈기생충〉에서 송강호(기택 역)의 가족은 처음에는 집주인 이선균(동익 역)의 가족과 공동체적 관계를 맺었다. 그러나 나중에는 이선균의 목숨을 앗아가는 치명적인 독소가 되고 만다. 항상 그런 것은 아니지만 일부 직원들은 조직에 독소처럼 변하기도 한다. 실제로 톡소포자충이란 기생충은 사람에게 기생하게 되었을 때 그 사람을 용감하게 만들어주기도 하지만 뇌로 침투해 결국 사망에 이르게 하기도 한다.

그럼 어떻게 정상적인 직원이 기생충이 되어가는지, 조직은 어째서 정상적인 직원을 기생충으로 만들어가는지 확인해보자.

입사를 하다

기생충은 처음에 숙주에게 들어가기 위해서 수많은 노력을 한다. 따개비에 기생하는 소낭충은 처음에 눈과 몸통, 팔, 다리가 있지만 최종 숙주의 몸속에 들어가면 뿌리를 내리고 모든 부위가 퇴화한다.

이는 조직 생활을 하는 당신의 경로와 매우 유사하다. 예컨대 우리는 처음에 조직에 들어가기 위해 실생활에서는 별로 적용되지도 않는 토익 공부를 하고, 영어회화 공부도 하며, 때론 내키지도 않는 연탄 나르기 봉사활동을 하기도 한다. 그 밖에도 취업에 도움이 될지 모르는 다양한 자격증도 준비한다. 그런 노력과 우여곡절 끝에 구직자는 마치 〈기생충〉에 나왔던 유복한 가정에 침투한 과외 선생처럼 조직에 입사하게 된다.

조직에 익숙해지다

법률팀 직원으로 입사했다고 가정해보자. 처음 입사하면 조직이 진행하는 계약서, 내부 규정 등을 살펴보고 법률 리스크를 체크한다. 그리고 법률적으로 문제가 없는지 확인하기 위해서 판례 등을 검색할 수 있는 사이트에서 다시 한번 중요한 내용을 체크한다. 그런 다음 상관에게 현재 어떤 법률적 리스크가 있는지에 대해 브리핑을 하고 상관은 이를 다시 경영진에게 알린다.

경력이 쌓임에 따라서 법학 지식은 올라가지만 이 지식은 대부분 다니고 있는 조직에 적용되는 것뿐이다.

퇴근 후 동료들과 술을 한잔한다. 동료들은 전부 조직과 법률 이야기만 한다. 때로는 옆자리에 앉은 후배나 상사에 대한 험담을 나누기도 할 것이다. 그러면서 점점 동료들과 친분을 쌓아간서 우리 주변은 점차 조직 동료들로 가득 차게 된다.

때론 출장을 나가기도 한다. 물론 출장을 가는 장소는 정해져 있다. 우리는 자문사 대표와 만나서 술자리를 갖고, 조직이 당면한 문제점을 알려준다. 자문사 대표는 우리에게 직원들의 불만 사항에 대해서 알려준다. 회사 간부들로부터 정보를 얻은 우리는 대단한 걸 알게 된 것처럼 행세하면서 상사에게 이를 보고한다. 이런 일이 반복되면서 우리 주변은 자문사 임원이나 대표, 정보를 주는 브로커 등으로 가득 찬다.

때론 이직 제안을 받기도 하지만, 지금 하는 일과 크게 다르지 않은 일을 할 가능성이 높고 이미 지금 자리에 익숙하기에, 낯선 조직으로 이직하고 싶은 마음은 크게 들지 않을 것이다. 이제 우리 삶의 영역은 점점 축소되기 시작한다. 늘 만나던 사람과 늘 하던 일뿐이다. 다른 건 없다. 좀 색다른 것이라면 거래처 직원들과의 골프 내기 정도일 것이다.

완전히 뿌리 내리다

이렇게 당신 삶이 온통 조직으로 가득 차게 된 것을 배태성(Embeddness)이 생겼다고 표현한다. 배태성은 깊이 뿌리 내리고 있는 정도를 뜻하는 말로, 경영학에서는 직무 배태성이라고도 표현한다. 직무 배태성이 높은 사람은 조직을 떠나기 어렵다.

직무 배태성은 세 가지 차원으로 구성된다. 첫 번째 차원은 적합성(Fit)으로, 주로 당신의 가치관과 조직의 가치관이 일치하는 경우를 의미한다. 당신이 조직과 궁합이 잘 맞으면 당신은 자신도 모르는 사이에 조직에 몰입(Organizational Commitment)하게 된다. 여기서 몰입이란 미국 경제학자 제임스 뷰캐넌(James M. Buchanan)에 따르면 '개인이 조직체의 가치관과 목표를 자신의 것으로 받아들이고 동일시(Identification)하는 것'이다. 즉 우리가 배우자를 찾듯이 자신에게 적합한 조직을 찾고 그속에 완전히 융화하는 것을 의미한다.

두 번째 차원은 연결고리(Link)이다. 여기서 연결고리란 우리가 동료나 팀, 부서 등과 연결된 정도를 의미한다. 위에서 설명했듯이, 우리가 늘 만나던 사람을 만나고, 늘 하던 일을 하게 되는 것을 바로 연결고리라고 한다.

마지막 차원은 희생(Sacrifice)이다. 우리는 조직을 떠나게 되면 상당히 많은 희생을 감수해야 한다. 퇴직금도 줄어들 것이고, 새롭게 이직할 곳에 적응해야 하며, 새로운 사람을 만나야 한다.

환경이 변화하면 벌어지는 일

이렇듯 우리의 조직 생활은 배태성 때문에 쉽게 떠날 수 없게 구조화된다. 그런데 구조화된 체계는 환경 변화에 취약하다. 우리가 법률팀 경력을 통해 열심히 법학 지식을 쌓고, 탁월한 법학자들을 알게 됐고, 뛰어난 정치적 감각을 갖게 됐다고 치자. 그런데 갑자기 어느 날 조직이 인공지능을 도입한 것이다. 그 이름은 '알파로'. 알파로는 계약서 작성 능력이 변호사보다 뛰어나다.

실제로 2018년 8월에 법률 AI와 인간 변호사가 대결한 적이 있는데, 법률 AI가 압승을 거두었다. 근로계약서를 분석해 문제점을 추론하고 최종 자문 보고서를 작성해 심사위원에 제출하는 방식으로 이뤄진 경연이었는데, 인텔리콘의 AI 계약분석 시스템 알파로가 1위였고, 2위와 3위도 AI였다.[7] 이런 상황에서 어느 날 회장이 이야기한다.

"우리 조직은 더 이상 변호사를 고용하지 않겠습니다."

자, 이제 조직은 우리가 크게 중요하지 않다. 회장은 약국에 들러서 구충제를 처방받는다. 자신의 몸에 기생하면서 조직 이윤이나 빼내는 쓸모없는 기생충들을 내보낼 때가 됐다. '정리해고'란 이름의 약이 회장의 목구멍을 타고 내려간다. 우리, 그리고 우리와 함께 골프를 치고 연봉 1억 받는다고 으스대던 동료 모두 명예퇴직, 정리해고 등의 이름으로 내쫓긴다.

이 이야기가 우습게 들리는가? 실제로 있었던 사례를 이야기하자면, 미국의 골드만삭스는 AI를 도입한 뒤 2017년 하버드나 MIT 석박사 출신의 엘리트 주식 트레이더 600명을 고작 2명만 남기고 해고한 바 있다. 한마디로 골드만삭스도 기생충과 공생관계를 유지하다 기생충이 필요없어지자, 곧바로 구충제를 처방받아 기생충을 쫓아낸 것이다.

심리적 계약이 깨지다

한때 조직과 직원은 가족처럼 지냈다. 특히 우리나라의 경우, IMF 이전까지만 해도 조직이 직원을 정년퇴직 때까지 자식처럼 돌봐줬다. 그러나 IMF 이후로 조직은 직원을 비용 관점에서 보았고, 코로나 사태 이후로는 필요 없는 존재로 외면하기에 이르렀다.

IMF 이전과 이후, 직원들 내면의 심리적 관계에 변화가 생겼다. 산업심리학자인 데니스 루소(Denise Rousseau)는 심리적 계약이라는 용어로 표현했다. IMF 이전, 조직과 직원은 관계적 계약을 맺었다. 둘은 가족처럼 사적인 부분까지 신경 쓰는 관계였다. 그러다가 IMF 이후에는 거래적 계약을 맺게 되었다. 둘의 관계가 비즈니스 관계로 바뀐 것이다.

루소에 따르면 IMF 이전과 이후의 계약관계 변화는 '심리적 계약'이 깨진 것이다. 직원이 조직을 바라보는 내면의 심리가 변했다는 의미다. 그리고 4차 산업혁명에 이르러 심리적 계약관계는 더욱 큰 변화를 가져왔다. 직원은 조직을 단순히 자신의 경력 관리의 일환 혹은 내부 정보를 얻기 위한 곳, 투자를 위해 필요한 곳 정도로 여기기 시작했다. 조직으로부터 받는 월급으로 더 이상 생활할 수 없다는 의미다. 과거 비즈니스 관계에서는 그나마 업무에 따른 책임(Role & Responsibility)이 있었다. 그러나 지금은 그 관계가 더욱 얄팍해져 조직을 '거쳐 가는 곳' 정도로 생각하는 경향이 강해졌다.

기생관계를 공생관계로 승화시켜야 한다

어쩌면 직원들이 조직에 최선을 다하지 못하는 이유는 회사로부터 버림받을 거라는 불안 때문일지도 모른다. 그렇기 때문에 직원은 기생충처럼 일을 안 하게 되고, 조직은 직원을 기생충처럼 대하게 되는 것이다. 그러나 기생관계를 긍정적으로 표현하면 공생관계가 된다. 한 글자만 바꿨지만 그 안에 내포하는 의미가 전혀 다르다. 공생관계란 양쪽 모두 이득을 얻는 관계다.

예를 들어 인간의 장 속에는 수많은 박테리아가 살고 있다. 이들 무게를 모두 합치면 1~2킬로그램가량 된다. 이를 정상 미생물총이라고 부르는데 장 건강에 굉장히 중요한 역할을 한다. 인간은 이 세균들이 없으면 금세 다른 병원성 미생물의 침략을 받아 죽고 만다. 즉 인간은 박테리아 없이는 살아갈 수 없다.[8] 이처럼 서로에게 도움이 되는 관계를 공생관계라고 한다.

공생관계는 수많은 생물들에게서 발견할 수 있다. 대표적으로 악어와 악어새의 관계를 들 수 있다. 악어가 입을 벌리면 악어새가 입 안으로 들어간다. 악어새는 악어의 입 안의 찌꺼기들을 청소해주는 역할을 한다. 대신 칫솔질을 해주고 있는 것이다. 이러한 공생관계 하에 악어는 악어새에게 배려를 한다. 악어새가 떠나기를 원할 때는 몸을 떨어서 악어새에게 경고를 한다. 이러한 공생관계는 할미새와 코뿔소, 개미와 아카시아 등등에서도 관찰할 수 있다.

뛰어난 조직의 수장이라면 기생관계를 공생관계로 전환해야 한다. 이는 작은 인식의 전환으로도 가능하다. 작은 인식 전환은 큰 효과를 가져올 수 있다. 예컨대 조직에서 직원을 비용적인 관점으로 대한다면 직원은 기생충에 지나지 않을 것이다. 그러나 직원을 투자적인 관점에서 생각한다면 양자는 비로소 공생관계로 승화될 수 있을 것이다.

결국 상리공생(다른 종류의 생물들이 서로 이익을 주고 받으면서 살아가는 관계)의 관계가 될 수 있느냐의 여부는 전적으로 조직과 직원의 인식에 달려 있다. 먼저 조직은 직원들이 환경 변화에 대응하고 성과를 내도록 투자적인 관점에서 생각해야 할 것이고, 직원은 자신이 조직에 누가 되지 않도록 스스로를 개발하여야 할 것이다. 그래야만 기생관계가 아닌 공생관계라는 선순환적인 관계가 될 수 있다. 이처럼 작은 인식의 전환이 곧 성공하는 회사를 만드는 비결이라 할 수 있다.

멈추어 생각해보기

당신이 직원이라면, 아래 질문을 깊이 생각하고 답해보자.
1. 지금 삶에 너무 익숙해져 있지 않은가?
2. 변화하는 세상 속에서 당신은 무엇을 준비하고 있는가?

당신이 사장이라면, 아래 질문을 깊이 생각하고 답해보자.
1. 당신은 미래의 비전을 가지고 있는가? 그리고 함께 일하는 직원에게 미래의 비전을 제시하고 있는가?
2. 한 치 앞도 내다볼 수 없는 미래에 어떻게 대비하고 있는가? 직원이 함께 미래를 대비하도록 설득하고, 변화를 주도하고 있는가?

회사엔 최적화
사회엔 부적응자

매뉴얼대로 하면 된다?

조직은 복잡성을 극복하기 위해서 표준 매뉴얼을 만든다. 이것을 다른 말로 '공식성(Formalization)의 증가'라고 표현한다. 공식성을 증가시키는 이유는 회사가 점점 복잡해지기 때문이다. 예컨대 고객이 오면 어떻게 대응해야 할지 등을 직무기술서나 과업명세서 등에 적어둔다. 그러한 이유는 복잡성 증가를 공식성으로 해결하려는 데 있다. 매뉴얼에는 고객에 대한 대응 방법만 있는 것이 아니다. 상관에게 보고하는 방식, 업무를 처리하는 프로세스, 돌발상황이 발생했을 때 대응 방법 등 회사의 복잡성을 극복하는 모든 것이 포함된다.

공식화된 매뉴얼은 굉장히 딱딱하다. 유연성이라곤 눈꼽만큼도 찾아보기 어렵다. 핵심이 유연성이 아니라 조직의 안정성을 유지하는 데 목적이 있기 때문이다. 그렇기 때문에 직원들은 업무 처리를 하다 보면 매우 비합리적인 것들을 발견하게 된다. 물론 비합리적이라고 따르지 않는다면 징계를 받게 될 것이다.

직원을 대상화하는 매뉴얼

회사가 표준 매뉴얼을 통해 통제하게 되면 직원들에겐 세 가지 부정적인 일이 발생한다.

첫 번째로 직원이 퇴사하거나 직원의 자리가 공석이 된다 하더라도 다른 누군가로 쉽게 대체가 가능해진다. 회사가 가장 골치 아프게 생각하는 일은 바로 인수인계다. 인수인계가 제대로 이루어지지 않으면 업무에 차질이 생기고 손해로 이어지게 된다. 바로 이러한 문제점을 해결하기 위한 방법이 히로시 다나카 교수가 주장한 지식경영이다.

'지식경영'은 전임자의 경험이나 지식 등을 매뉴얼화함으로써 다음 사람이 쉽게 인수받을 수 있도록 근로 환경을 조성하는 것을 의미한다. 이렇게 되면 경험이나 지식이 끊이지 않게 되어 회사는 지속가능한 경영을 할 수 있게 된다는 것이다. 그러나 그 실상은 인간의 표준적 모듈화라 볼 수 있다.

두 번째로 직원이 잠시라도 한눈팔 수 없을 정도의 업무량 부여가 가능해진다. 매뉴얼이 있다는 것은 과업에 따른 시간 측정이 가능하다는 걸 의미한다. 다시 말해서 직원들을 쉴 틈 없이 몰아붙이기 쉽게 된다. 직원들이 쉴 틈이 없어지게 되는 것은 과도한 정보량을 직원에게 투여했기 때문이다. 직원이 최면에 걸려들게 함으로써 말을 잘 듣도록 만드는 방법은 과도한 정보를 투입하거나, 극히 과소한 정보를 투입하는 방법이 있다.

표준 매뉴얼은 직원들의 업무 수행 속도를 측정할 수 있도록 한다는 데 있어서 회사에 가혹할 정도로 의존하게 만들 수 있는 방법이다. 다른 생각을 못하게 하고, 회사에 최대한 의존하도록 만드는 방법은 직원이 회사에서 퇴사할 수 없는 또 다른 요인으로 작용한다.

세 번째로 회사가 직원을 평가하고 분석하는 게 쉬워진다. 사람을 평가하기 위해선 한 가지 문제를 주고 누가 더 잘 푸는지 확인하는 과정이 필요한데, 각자 수행하는 일이 다르면 직원이 얼마나 일을 잘하고 있는지 알 수 없다. 그렇기 때문에 공식화된 매뉴얼은 직원이 얼마나 업무를 잘 수행하는지 확인할 수 있는 단서가 되며, 직원을 쉽게 감시할 수 있도록 해준다. 즉 직원 업무 성적이 낮은지 높은지 확인할 수 있는 기준점을 제시해준다.

만일 업무 성적이 낮다면 그 직원은 저성과자 관리 프로그램을 경험하게 될 것이다. 운 좋으면 다시 업무로 복귀할 수 있겠지만 안타깝지만 대부분은 회사 밖으로 쫓겨난다. 표준 업무 매뉴얼을 운영한다는 것은 그것을 수단으로 누군가를 쫓아낼 수 있다는 뜻이기도 하기 때문이다. 회사는 늘 일손이 모자라지만, 반대로 늘 일손이 넘쳐나기도 한다. 필요한 인재가 매번 바뀌기 때문이다. 안타깝게도 조직에 오랫동안 있었던 사람은 회사에 필요한 인재가 아닐 확률이 높다.

수동적 인간, 예고된 재난

공식화된 업무 매뉴얼에 익숙해지는 일은 결국 직원의 이직 가능성을 낮춘다. 왜냐하면 직원의 지식과 경력은 그가 다니는 회사에만 적합할 뿐, 다른 곳에선 도무지 써먹을 길이 없기 때문이다. 만일 직원이 회사에 다니다가 큰 실수를 했다고 치자. 그럼 직원이 수년 동안 회사에 들어오기 위해 들인 노력과 시간, 직원이 회사에 들어와서 투자한 시간은 모두 물거품이 되는 것이다.

관료조직에서 직원은 점점 초라해질 것이다. 회사의 부조리도 쉽게 수긍해야 하고, 회사가 책임져야 할 문제도 직원의 책임으로 받아들이게 될 것이고, 비이성적인 상사의 명령이 있다 하더라도 따라야 할 것이다. 왜냐하면 직원에게 허용된 건 회사의 매뉴얼에 따른 행동뿐이기 때문이다.

어느 날 부장이 직원에게 말한다.

"A부품 씨, B부품 씨에게 인수인계 좀 부탁드리겠습니다."

"갑자기 왜요? 제가 잘못한 게 있나요?"

"A부품 씨는 업무 매뉴얼에 따른 행위를 하지 않고 자의적으로 업무를 처리했습니다. 한마디로 시스템 오류가 난 상태죠."

"시정할 기회를 주세요. 처자식이 있기 때문에 해고를 당하면 안 됩니다."

"A부품 씨의 상태를 분석한 보고서에 따르면 A부품 씨의 불량률이 그동안 1퍼센트에서 3퍼센트까지 올라갔습니다. 우리 회사는 2퍼센트까지의 오차범위만 받아들이고 있습니다."

"아니, 불량률이 그렇게 크게 올라가지 않았습니다."

"불량률 1퍼센트의 상승은 천문학적인 손실을 발생시킵니다."

"당장 제가 나가면 회사의 손해는 극심할 겁니다."

"걱정 마세요. A부품 씨를 대체할 부품이 도처에 널렸어요. 직원이 인수인계를 안 하더라도 직원이 제출한 기안서를 참고해서 인수인계를 하면 그만입니다. 나가주세요."

물론 직원은 퇴사하고 싶지 않을 것이다. 그가 알고 있는 건 회사의 수많은 쪼개진 업무 매뉴얼 중 극히 일부이고, 회사 바깥 어디에서도 써먹을 길이 없다. 어쨌든 회사는 A부품으로 활동했던 직원을 B부품으로 대체했다. 너무 억울해할 필요는 없다. B부품은 언젠간 C부품에게, C부품은 언젠간 D부품에게 대체될 것이기 때문이다. 모두 저마다 책임져야 할 가족이 있고, 살아가야 할 이유가 있는 존재들이다. 그러나 회사에서는 그저 언제든 쉽게 대체할 수 있는 부품일 뿐이다.

그런데 지나치게 매뉴얼에 의존한 조직은 어떤 결말을 맞이할까? 과거 소련이라는 국가가 있었다. 소련의 관료들은 위계라인과 공식화된 업무 매뉴얼에 따라 움직여야만 했다. 개인의 자유나 재량권은 보장되지 않았다. 그저 상명하복 문화, 위계질서, 매뉴얼에 따라서 행동했다. 그런데 매뉴얼은 책임자들에게 빠져나갈 수 있는 명분을 준다. 그들은 문제가 생길 때마다 매뉴얼에 따랐을 뿐이라는 이유를 댄다. 조금도 상상력을 발휘하지 않는다. 투박하고 고정된 세계관 속에서 자신의 안위만 목적으로 행동하게 된다.

매뉴얼에 갇힌 소련 사회는 결국 커다란 재난을 맞이하게 된다. 바로 체르노빌 원전사고다. 기계의 결함과 인간의 실수가 복합적으로 결합돼서 발생한 재난이었다. 원전 직원들은 상사의 명령에 따라야 한다는 조직 규정을 맹목적으로 따랐다. 그 명령이 잘못됐음을 알았음에도 불구하고 말이다. 그 결과 수많은 생명이 목숨을 잃었고, 돌이킬 수 없는 손실을 남겼다. 이런 상황에서도 사고를 일으킨 주범은 법정에서 기계 결함 때문에 벌어진 일이라고 주장했다. 체르노빌 사고는 소련을 붕괴시킨 가장 큰 원인 중 하나였다.

인간은 기계 부품이 아니며, 수동적인 동물이 아니다. 인간은 능동적으로 행동할 줄 알며, 책임이 주어지는 한 주어진 일을 열심히 수행할 줄 안다. 그런데 공식 매뉴얼, 규정에 얽매이면 자유로운 사고를 할 수 없게 된다. 마음속 경고음을 조용히 지워버린 채 기계처럼 일을 하게 되고, 그 결과 사고를 일으키게 된다.

매뉴얼에 갇힌 조직 속에서 사람들은 속으로 이런 생각을 하곤 한다. '내가 할 때만 문제가 생기지 않으면 돼.'

멈추어 생각해보기

만일 당신이 직원이라면, '회사에서 시키는 일만 하고 있지는 않은가?' 생각해보자.
그리고 만일 사장이라면, '지나치게 많은 매뉴얼을 만들지는 않았는가?' 살펴보자.

할 줄 아는 건
회사 다니는 것뿐

최면에 걸리기 쉬운 인간이라는 종

조직 구성원으로 지낸다는 것은 스스로의 인격마저 조직의 규율과 통제 아래에 둔다는 것을 의미한다. 조직에 있으면 왠지 일을 안 시켜도 해야만 할 것 같고, 회식자리에 빠지면 안 될 것 같고, 단체 행동에서 벗어나면 안 될 것 같은 기분이 들 것이다. 이유는 직원이 조직과 비즈니스 관계에 있는 것이 아니라 의존적 관계에 있기 때문이다.

사실 우리 삶은 어렸을 때부터 사회라는 시스템에 예속된 의존관계에 있었다. 인간은 지극히 사회적 동물이기 때문에 혼자서는 살아갈 수 없다. 그렇기 때문에 태어날 때부터 사회와 계약을 체결하게 된다.

계약 내용은 이렇다.

"나는 사회가 요구하는 가치관, 신념, 문화를 따르도록 하겠습니다. 이를 어겼을 때에는 처벌을 받겠습니다."

우리의 아이덴티티(identity)는 사회 계약을 통해 그동안 다녔던 초등학교, 중학교, 고등학교 등의 교육 과정과 집안 교육을 통해 형성된다. 우리가 교육에 익숙하고 가치와 문화를 따르는 데 능숙한 이유는 인간이라는 종이 특이하게도 다른 종과 달리 다른 사람의 말을 쉬 믿는다는 데 있다. 달리 표현하면, 우리는 최면을 걸기도 굉장히 쉬운 종이다.

좁아진 시야, 박탈된 선택지

회사에서 일을 열심히 해야 할 것 같고, 상사의 명령을 무조건 따라야 할 것 같은 기분이 든다면 그것은 우리가 오랜 시간 수많은 사람으로부터 무분별한 세뇌를 받은 결과일지도 모른다. '일하지 않은 자, 먹지도 마시지도 마라'는 말이 있다. 이는 우리 사회가 직원을 보다 열심히 일하도록 강력한 최면을 거는 문장이라 할 수 있다. 그렇다면 어떻게 이러한 문장으로 최면이 걸리는지 살펴보도록 하자.

사람은 학령기가 되면 학교에 들어가고, 학교에 들어가면 대부분 취직을 목표로 공부한다. 인생에 단 하나의 목표가 제시되고, 그 목표를 향해 달려가는 것, 그런 과정을 간략하게 '터널'이라고 하자. 당신은 터널 끝에 도달하기 위해서 주변의 어떤 것도 바라봐선 안 된다. 게임, 여행, 우정, 연애는 사치다. 왜냐하면 목표에 도달해야 하기 때문이다. 당신의 주변엔 온통 공부와 경쟁을 하도록 구조화된 시스템뿐이다. 당신은 날마다 집, 학교, 독서실, 학원을 오가면서 사람들로부터 내신, 수능 등의 이야기만 듣고 자란다. 주변 사람들은 모두 똑같은 이야기만 한다.

"대학교는 인서울이지."

"왜?"

"그래야 좋은 회사 다닐 수 있거든."

"회사는 어디를 가야 돼?"

"삼성 같은 대기업을 가야 돼."

"왜?"

"그래야 돈을 많이 벌 수 있거든."

이렇게 수많은 목표를 선택할 수 있는 우리 인생은 어느새 대학교와 회사로 좁아진다. 사회는 무궁무진한 선택지를 간단하게 도려낸다. 어쩌면 누군가에겐 세계일주를 하는 삶도 있을 것이고, 전공을 벗어나 유튜버가 되는 길도 있을 것이며, 고시촌을 누비다가 의류디자이너가 되는 길도 있을 것이다. 그러나 드넓은 평원 같은 선택지를 사회는 심플한 터널로 만들어버린다.

결국 우리의 선택지는 손꼽힐 만큼 적어진다. 회사, 전문직,

공무원, 사업가. 이 넷 중 하나다. 사회가 제시하는 선택지에는 암벽등반을 하면서 짜릿한 쾌감을 느끼거나, 깊고 그윽한 향을 만들어내는 바리스타가 되거나, 여태껏 발견되지 않은 미지의 영역을 탐험하며 새로운 가능성을 만들어내는 식의 인생은 없다.

국어, 사회, 수학, 과학 등의 교과목은 인생을 다채롭게 살아가기 위한 방편이 아닌 그저 좋은 대학과 상류 사회로 갈 수 있게 해주는 도구가 되어버렸다. 결국 우리에겐 오로지 '돈'을 벌기 위한 선택지만 남는다. 이렇게 우리는 터널처럼 좁아진 시야를 가지고, 사회에 적합한 인재가 되는 것만을 목표로 삼고 살게 된다.

사실 터널은 이스라엘 심리학자 아리엘 므라리(Ariel Merari)의 표현을 빌린 것이다. 그는 일반적인 사람이 터널을 통과하면서 테러리스트로 변모하는 과정을 터널이라고 표현했다.[9] 우리가 목숨 걸고 회사에 들어가려는 모습과 유사하다. 터널의 구동 조건은 다음과 같다.

첫 번째 단계_정보 입력을 제한한다

정보 입력을 제한하는 것은 신입사원 연수에서 흔히 찾아볼 수 있다. 회사는 신입사원에게 제한된 정보만 준다. 첫째 날은 등산을 하게 될 것이고, 둘째 날은 팀 빌딩을 하며, 셋째 날은 팀 발표를 하게 될 거라는 식으로 말이다. 이런 상황에서 신입사원은 근로를 시작하기 전에 불안감을 느낄 수밖에 없게 된다. 불안감은 직원에게 상당한 스트레스를 주고, 상황에 민감하게 반응하도록 만든다.

두 번째 단계_뇌를 지치게 만들어 생각할 여유를 빼앗는다

두 번째 단계인 뇌를 지치게 만드는 것은 직원에게 과잉 정보를 입력하는 것이다. 당신은 회사에 입사하기 전에 이미 엄청난 공부로 인해서 뇌가 지친 상태다. 이를 '스튜던트 에퍼시(Student Apathy)'라 부른다. 스튜던트 애퍼시란 수험공부에서 해방된 학생에게 보이는 무기력증을 말한다. 수험공부에 모든 기염을 토해낸 뒤 지친 무기력한 상태를 의미한다. 지칠 대로 지친 당신의 뇌는 회사가 원하는 정보를 입력하면 입력하는 대로 받아들이기 쉬워진다. 즉 회사가 원하는 방향으로 조작하기 쉽도록 말랑말랑해지는 것이다.

세 번째 단계_열심히 일하면 확실한 보상을 받을 수 있을 거라고 말한다

이제 세 번째 단계를 진행해도 좋을 상태가 됐다. 회사는 무방비, 무비판 상태가 된 당신에게 회사의 비전을 이야기하고, 사장의 성공담과 회사의 공적을 늘어놓는다. '맨땅에서 일군 회사', '세계 최고의 반도체' 등의 말들을 하면서 당신을 유혹하기 시작한다. '우리 회사에서 입사한 당신은 자부심을 가져도 되며, 열심히 일하면 승진도 하고 높은 연봉도 받을 수 있다'고 말이다. 그러면서 '지금은 신입사원이지만 조만간 승진해서 임원 자리에도 앉을 수 있을 거'라면서 부푼 꿈을 심어준다. 물론 마지막에는 내쫓기고 말 거라는 배드엔딩은 숨길 것이다.

네 번째 단계_사람은 존경받고 싶어 하며 배신을 두려워한다

네 번째 단계에 이르면, 당신은 이제 회사의 당당한 일원이 된다. 집단 및 동료들과 상호 작용하면서 회사가 바로 당신 삶의 전부가 돼간다. 집에서도, 밖에서도 온통 회사 생각뿐이다. 당신 머릿속엔 온통 승진과 보상으로만 가득하다. 일이 너무 바쁘고 고되기 때문에 다른 생각을 할 겨를 같은 건 없다. 회사 밖에서 일하는 친구들을 만날 틈도 없다. 오로지 집과 일뿐이다. 회사는 당신이 빨리 퇴근하는 걸 원치 않는다. 과중한 업무량을 부여하고, 잘하면 칭찬을 하고 보상을 준다. 당신 삶의 자서전은 지루하고 성과에 시달리는 회사 생활로 도배되어간다.

다섯 번째 단계_자기 판단을 불허하고 의존 상태를 유지시킨다

다섯 번째 단계에 오면 이제 회사가 당신 세계의 전부가 된다. 아마 퇴사는 상상도 할 수 없게 될 것이다. 퇴사는 곧 죽음이다. 당신은 팀과 회사 시스템에 완전히 고착화되어 있다. 심지어 관리하던 업체나 업무 처리 방식도 오로지 회사 시스템에 의존하게 된다. 새로운 기술들이 많이 추가됐지만 그런 신기술을 따라잡는 일이 너무 벅차다.

어느새 당신은 스스로의 일들을 신입사원과 대리에게 넘긴다. 이렇게 10년 정도만 지나면 당신은 회사에서 나갈 수 없게 된다. 왜냐하면 할 줄 아는 일이라곤 부하직원에게 이야기를 듣고 결재하는 것뿐이기 때문이다. 그때쯤이면 해고는 사형선고와 다를 바 없다. 왜냐하면 책임져야 할 가족이 있고, 오로지 회사에서 벌어들이는 수입에 의존해 생활하기 때문이다. 당신은 이제 회사와 한몸이 되어 회사 바깥의 세상은 망망대해처럼 느껴진다.

세뇌할 것인가, 사회화할 것인가

여기까지 살펴보고 나면, 마치 회사가 직원을 우리에 가둬놓고 노예처럼 길들여질 때까지 세뇌하는 것처럼 보인다. 그러나 사실 세뇌와 사회화는 비슷하다. 둘의 차이는 '의도의 차이'라고 할 수 있다. 회사가 사회의 한 구성원으로서 직원을 바라보고 그가 자기 역할을 다해 사회에 공헌하도록 인도한다면, 이것은 '사회화'라고 볼 수 있다. 그러나 직원을 단순 소모품처럼 여기고 자기 입맛대로 이끄는 것은 명백한 '세뇌'다.

삼성에 다니는 성실한 직원들은 세뇌를 당한 것일까? 아니면 사회화된 것일까? 삼성 직원들은 대부분 업무에 스스로 만족하고, 일과 가정이 양립될 수 있는 삶을 살고 있다. 그러므로 이들은 세뇌가 아니라 '사회화'된 것이다. 그러나 모 게임 회사의 경우에는 윈도우 체제에서 안드로이드 체제로 바뀌자, 전부터 일하던 프로그래머들을 곧바로 해고했다. 그 회사는 그동안 직원들을 세뇌했다고 볼 수 있다.

회사가 직원을 어떤 의도를 가지고 대하느냐에 따라, 회사와 직원의 미래에 큰 차이가 나타나게 된다. 당신이 만일 CEO라면, 당신은 직원을 세뇌하고 있는가 아니면 사회화하고 있는가? 회사 또한 사회의 한 부분이기에 회사뿐 아니라 사회 전반에 유익을 끼칠 수 있는 인재가 진짜 인재일 것이다.

멈추어 생각해보기

당신이 직원이라면, 아래 질문을 깊이 생각하고 답해보자.
1. 지나치게 회사에 의존하고 있지 않은가?
2. 스스로 더 발전할 의지는 없는가?

당신이 사장이라면, 아래 질문을 깊이 생각하고 답해보자.
1. 직원의 발전을 위해 어떤 배려를 하고 있는가?
2. 직원을 소모품처럼 생각하고 있지는 않은가?

완전한 가해자도
피해자도 없다

고립되어 살 수 없는 인간

영화 〈캐스트 어웨이(Cast Away)〉의 주인공은 폭우 때문에 비행기가 추락해 무인도에 홀로 남겨진다. 그곳은 태평양 한가운데 위치한 작은 섬이었다. 주인공은 하늘에 닿을 듯 높은 절벽에 올라서 주위를 둘러보았지만, 아득한 망망대해뿐이었다.

아마도 주인공은 타오르는 햇살 속에서 더없는 절망에 빠졌을 것이다. 무인도에선 호통쳐야 할 부하직원도 없었고, 고객들의 주문에 시간에 쫓기지 않아도 됐으며, 돈을 벌기 위해서 몸을 혹사시킬 필요도 없었다. 그는 무인도에 떨어짐으로써 완벽한 자유를 손에 넣었다. 그러나 사회적 동물로서 살아갈 수 없게 됐다. 집단으로부터의 고립이 그를 몹시 괴롭게 했다.

우리는 사회적 동물로서 늘 많은 이들 속에서 살아간다. 그러다 보니 '자기 확신'을 가지지 못하고 항상 스스로를 의심한다. 내가 잘하고 있는지, 남들보다 뒤처지지 않는지, 남들이 나를 어떻게 생각하는지 등 우리는 머릿속에 타인을 가득 넣고 산다.

인간의 한계는 바로 고등 지능을 가진 이점에서 나온다. 고등 지능은 어떻게 보면 장점처럼 여겨진다. 그러나 사실 인간을 사회 구성원으로 구속하는 역할을 한다. 고등 지능은 다시 분리 경험과 연결된다. 우리는 모두 최초에 어머니와 하나였던 적이 있다. 안전한 어머니 뱃속에서 살아가던 우리는 태어나면서 분리를 경험한다. 안전한 어머니에게서의 분리는 낙원에서 차가운 현실에 당도한 것과 같은 경험인데, 이것이 불안의 원천이 된다.

우리는 자라면서 점점 세상과 나를 단절시켜나간다. 세계와 나, 어머니와 나, 아버지와 나, 친구와 나. 끊임없는 분리를 하며 어느새 스스로에 대한 존재론적 확신을 잃어간다. 그렇기 때문에 우리에게 확신을 줄 존재가 필요하게 된다. 분리가 있으면 다시 통합이라는 과정이 필요하다. 확신을 잃어버린 나라는 존재는 어딘가 의존할 곳이 필요하기 때문에 집단에 속하는 길을 택한다. 나와 밀접한 구석이 있는 집단에 나를 끼워넣는다.

우리는 평생을 걸쳐서 나의 신념과 가치, 생활양식, 자라온 과정 등이 최대한 비슷한 집단을 찾아나서는 여행을 떠난다. 그러한 집단을 사회학 용어로 '준거 집단'이라고 부른다.

해고는 집단으로부터의 단절

대부분 우리는 회사를 준거 집단으로 여긴다. 잃어버린 확신을 찾아줄 곳이 바로 회사인 셈이다. 우리는 자신이 세상과 동떨어져 있지 않다는 확신을 회사 생활을 통해 돈을 벌면서 느끼게 된다. 돈은 세상과 상호작용할 수 있는 기초 수단이다. 우리는 돈을 벌고 쓰면서 비로소 세상에 있다는 확신을 갖게 된다. 바로 '나는 혼자가 아니야'라는 확신 말이다.

〈캐스트 어웨이〉 주인공은 어째서 그렇게 섬에서 벗어나려고 했을까? 조잡한 나무 뗏목에 몸을 싣고 태평양 한복판을 항해할 수 있는 용기는 어디서 나온 것일까? 폭우를 만나 죽을 위기에 처했을 때는 어떤 생각을 했을까? '그냥 섬에 있을걸 그랬어' 하고 생각했을까? 영화 주인공이 바다로 떠나기 전에 만든 조잡한 뗏목은 작은 파도조차 견디기 어려워 보인다. 작은 뗏목에 생명을 건다는 건 죽음을 각오한 도전과 다를 바 없다. 무인도에 홀로 사는 것은 죽음보다 더한 역경이었던 것이다. 그가 무인도를 탈출한 것은 인간이 그리웠기 때문이다. 아무도 없는 세상에서 홀로 사는 것은 사회적 동물인 인간이 견딜 수 있는 조건이 아니다.

삼성에서 일하다가 해고당했던 김용희 씨가 355일간 고공농성을 끝내고 내려와서 이런 말을 했다.

"해고는 살인입니다."

해고가 살인인 이유는 확신과 위안을 주었던 조직으로부터의 단절을 의미하기 때문이다. 해고자는 더 이상 설 곳이 없어진다. 해고자가 부딪혀야 되는 세상은 차갑게만 느껴진다. 그동안 배웠던 지식을 더 이상 쓸 곳이 없어졌기 때문이다. 이 말의 다른 의미는 업무를 수행하는 방식, 동료들과 술을 마시면서 함께하는 시간, 어려울 때 의지할 수 있는 장소, 능력을 인정받았을 때 받는 만족감 등이 모두 소멸했다는 의미다.

의지할 곳이 없어진 인간은 무인도에 버려진 것과 다를 게 없다. 만일 젊다면 다른 곳에 이직할 수도 있다. 그렇지만 회사에 다닌 지 오래된 중견 직원은 다니던 조직의 업무에는 최적화됐을지 몰라도, 다른 조직에는 적합하지 않은 경우가 많다. 특별한 지식이 없다면 치킨집, 배달 등 보람도 감동도 없는 일을 할 수밖에 없을지도 모른다.

일방적인 피해자나 가해자는 없다

해고된 직원이 치킨 프랜차이즈를 열 수밖에 없는 이유는 그 직원이 너무 회사에 의존했기 때문이기도 하다. 해고자에겐 안타까운 이야기지만 세상은 변하고 있고, 회사는 변화에 맞출 수밖에 없다. 변화에 뒤처지지 않기 위해 회사는 성장하지 않은 직원을 내보낼 수밖에 없다.

회사가 직원을 내보낼 수밖에 없게 된 이유는 여러 가지가 있다. 어쩌면 직원은 자신의 보금자리를 지키는 데 급급하고 있었을지도 모른다. 이런 경우 회사는 능력 없는 직원을 내보낼 수밖에 없다. 아니면 회사의 방만한 경영으로 직원을 내쫓아야 되는 상황에 처할 수도 있다. 이런 때에 회사는 늘어나는 적자를 감소시키기 위해 해고자를 물색할 수밖에 없다.

한 가지 명심해야 할 것은 일방적인 피해자나 가해자는 없다는 것이다. 때로는 회사가 직원을 해고하는 가해자가 되기도 하고, 때로는 나태한 직원이 회사에 똬리를 틀고 성과를 떨어뜨리는 가해자가 되기도 한다. 그런데도 해고할 때, 혹은 해고당할 때는 두 쪽 다 피해자 생색을 내곤 한다. 하나같이 저마다 자신이 억울하다고 말한다. 그런데 세상엔 항상 일방적인 가해자만 있지 않다. 현실은 절대악이 존재하는 마블 영화 같지 않다. 모두가 어쩔 땐 악이 되기도 어쩔 땐 선이 되기도 한다. 모두 조금은 억울할 수밖에 없는 모순이 있는 것이다.

가해자 또는 피해자가 되지 않으려면

서로에게 상처를 주지 않기 위해 사장과 직원은 저마다 해야할 일이 있다. 먼저, 사장은 직원이 성장할 수 있는 환경을 만들어주어야 한다. 직원이 조직에 도움이 될 뿐 아니라, 더 나아가 조직을 떠나서라도 스스로 생존할 수 있도록 성장할 수 있게 하는 것이 조직의 대표가 해야 하는 일이다. 그리고 직원은 스스로 능력을 신장시켜야 한다. 변화를 감지하고 그에 맞게 성장해 회사에게 도움이 되도록, 그리고 회사를 벗어나서도 살아남을 수 있도록 능력을 갖추어야 한다.

이처럼 사장과 직원이 자기 역할을 다하기 위해 갖추어야 할 조건이 하나 있으니, 바로 서로를 탓하지 않을 용기다. 조직과 직원이 서로 다투게 된 원인은 서로를 탓했기 때문이다. 그러나 서로를 탓하지 않고 주어진 환경에서 최선을 다하는 지극히 평범한 용기를 갖춘다면 결코 무너지지 않는 조직과 직원이 될 수 있을 것이다.

멈추어 생각해보기

당신이 직원이라면, 아래 질문을 깊이 생각하고 답해보자.
1. 스스로 성장을 멈췄는가?
2. 회사를 나가더라도 살아갈 수 있는 능력이 있는가?

당신이 사장이라면, 아래 질문을 깊이 생각하고 답해보자.
1. 직원이 성장할 수 있는 풍토를 조성했는가?
2. 직원에게 무리한 야근을 시키고 있지는 않은가?

3장

회사는
아마겟돈이다

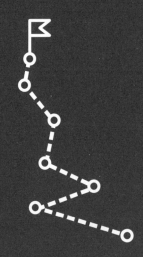

결코 만족하지
못하는 동물

우리는 만성적 욕구 불만자다

결코 만족을 못하는 동물이 있다. 바로 인간이다. 인간이 만
족하지 못하는 이유를 알기 위해선 먼저 에이브러햄 매슬로
(Abraham Maslow)의 욕구 단계 이론부터 살펴봐야 한다. 매슬로
는 인간 욕구를 다음 그림과 같이 다섯 단계로 나눴다.

| 매슬로의 욕구 단계 이론 |

매슬로는 저차원적 욕구인 생리적 욕구에서부터 고차원적 욕구인 자아실현 욕구로 순차적으로 발현된다고 주장했다. 하위 욕구가 채워지면 상위 욕구가 발현된다는 것이다. 반대로 상위 욕구가 채워지지 않으면 다시 하위 욕구가 발현된다. 즉 한 가지 욕구가 달성되면 상위 차원의 욕구를 향해서 동기가 발생하고, 좌절되면 다시 하위 차원 욕구가 발현되는 것이다.

예를 들어 회사에서 상사로부터 질책을 받은 부장이 좌절된 욕구를 풀기 위해서 화덕으로 익힌 마늘 향이 나는 족발에 소주를 먹는다고 하자. 부장은 상사로부터 질책을 받았다는 점에서 상위욕구인 자아실현 욕구 혹은 사회적 욕구가 좌절되었다. 그리고 그는 좌절된 욕구를 해소하기 위해 하위욕구가 발현되어 족발과 소주를 마시고 싶어졌던 것이라고 할 수 있다. 사실 생리적 욕구와 안전 욕구는 쉽게 채울 수 있다. 그런데 문제는 상위 욕구인 사회적 욕구, 존경 욕구, 자아실현 욕구다.

우리는 언제든 편의점에 가서 맥주나 소주 혹은 아이스크림 등을 쉽게 사 먹을 수 있지만(생리적 욕구) 다른 사람의 사랑이나 존경(사회적 욕구)은 세상 어디에서도 얻기 어렵다.

특히 업무 관계로 얽힌 회사에선 존경심 따위는 결코 기대할 수 없다. 만들어진 존경심은 있지만 진심 어린 존경심이나 사랑을 찾아보기 어려운 삭막한 곳이 바로 회사다. 우리는 항상 관심에 목을 매지만 관심이란 것은 너무나도 큰 바람과 같다. 결국 우리는 모두 만성적 욕구 불만 상태에 놓이게 된다.

임금으로 우리를 만족시킬 수 없는 이유

그렇다면 임금은 욕구 단계 중 어디에 속할까? 미국의 경영심리학자 프레데릭 허츠버그(Frederick Herzberg)가 회계사와 엔지니어를 대상으로 연구한 결과에 따르면 임금은 저차원적 욕구에 속한다. 우리가 그토록 목을 매고 갈망하는 그것이 그저 저차원적 욕구에 불과했던 것이다. 특히 조직은 욕구가 좌절되기 가장 쉬운 장소다. 열 번 일을 잘하더라도 한두 번 실수하면 최악의 질책을 받는 곳이 바로 조직이다. 그렇기에 어떤 사장이든 직원이든 욕구 좌절 상태에 놓여 있기 마련이다.

임금을 일시적으로 올려준다고 하더라도, 결국 다시 좌절할 수밖에 없는 상황에 직면할 것이다. 매출액 달성에 실패하거나 고객으로부터 꾸지람을 들을 수도 있고, 누군가의 원망을 받을 수도 있다. 결국 좌절된 상위 욕구를 보완하기 위해 하위 욕구인 임금을 더 많이 요구하게 될 수밖에 없다. 결국 다시 원점으로 돌아온다. 욕구 불만에 빠진 직원은 더 작아진 파이를 빼앗으려 할 것이다. 이러한 원리를 경영학에서는 임금 불만족의 가설이라고 부른다. 임금을 올려줘도 만족하는 순간은 매우 짧을 뿐이다.

절대평가 아닌 상대평가가 불만을 야기한다

예컨대 사장이 직원 A의 급여를 올려줬다. 그 순간 직원 A는 만족할 것이다. 그런데 직원 B의 급여도 올려줬다. 문제는 직원 B의 급여가 직원 A의 급여보다 더 올랐다는 점이다. 직원 A는 어떻게 생각할까? '사장님이 내 월급을 올려주다니! 앞으로 더 열심히 일해야지!' 하고 생각할까? 아니면 '아니, 왜 직원 B의 월급이 더 올랐지? 직원 B는 나보다 일도 못하는데!' 하고 생각할까?

안타깝게도 사람들은 대부분 자신의 월급이 오른 것에 기뻐하기보다는 동료 직원의 월급이 자기 것보다 더 올랐다는 사실에 충격을 받는다. 미국의 심리학자 존 스테이시 애덤스(John Stacey Adams)는 인간은 공정함을 논할 때, 자신의 상황을 절대적으로 평가하지 않고 주변 사람들과 비교하는 과정을 거친다고 한다. 또한 인간은 본능적으로 자기 고양적 편견(Self-serving Bias)을 갖고 있어서 대체적으로 타인의 업적은 과소평가하고 자신의 업적은 과대평가한다.

결국 상대가 더 많은 성과를 거두어 급여가 올랐더라도, 상대방의 성과는 과소평가하고 자신의 성과를 과대평가해 시기와 질투를 하게 된다. 결국 임금 인상은 다시 불만족으로 귀결된다.

돈은 항상 부족한 것

알랭 드 보통(Alain de Botton)은 《불안》에서 다음과 같은 말을 했다. "존엄은 거의 모두가 갈망한다. 만일 미래 사회가 조그만 플라스틱 원반을 모으는 대가로 사랑을 제공한다면, 우리는 오래지 않아 그 아무짝에도 쓸모없는 물건으로 인해 열렬한 갈망을 느끼기도 하고 불안에 떨기도 할 것이다."

우리가 재산을 축적한다는 것은 물질적 풍족, 그 이상의 의미가 있다. 어떤 이는 죽을 때까지 다 쓰지 못할 재산을 축적하고도 더 많은 재산을 탐낸다. 어떤 이는 브랜드란 이유만으로 비싼 스톤아일랜드나 발렌시아가 등의 의류에 돈을 쓴다. 어떤 이는 세기의 미술가가 그린 작품 등을 구매하는 데 모든 돈을 쏟아붓는다. 결국 생존과 전혀 관련 없는 곳에 돈을 낭비하는 셈이다.

그런데 사람들이 이처럼 쓸모없어 보이는 데 돈을 소모하는 이유가 뭘까? 그것은 바로 존엄을 돈으로 살 수 있다고 믿기 때문이다. 누군가로부터 관심이나 존경을 얻는 것은 어려운 일이다. 우리는 누구든 인생을 처음 살아가는 어리숙한 존재이기 때문이다. 그렇기 때문에 우리의 행동은 항상 모순된 경우가 많고, 남들에게 인정받기보단 오히려 질타를 받거나 모멸을 받을 확률이 더 높다. 그래서 우리는 대부분 모멸을 받지 않기 위해 사회적 지위를 높이려 한다.

예를 들어 한 청년이 있다. 그는 모멸을 피하기 위한 방법으로 어린 나이에 열심히 공부해 전문직 자격증을 획득했다. 그 뒤 판교테크노밸리 아파트를 무리하면서 분양을 받았고, 개인 사무실을 오픈했다. 사회적으로 봤을 때, 어느 정도 지위를 획득했다고 볼 수 있다. 그런데 인간은 상대평가를 통해서 자기 자신을 인식한다. 만일 그 청년이 자신보다 돈이 더 많거나 더 높은 사회적 지위를 가진 자를 보면 어떨까? 더욱 무리해서 맨해튼 한가운데 위치한 아파트를 살 것인가? 결국 돈은 항상 부족할 수밖에 없다. 그것이 우리의 현실인 것이다. 우리가 불만족할 수밖에 없는 것은 숙명과도 같다.

나를 만족시켜주는 핵심은 동료

만일 우리가 시선을 외부로 돌리지 않고, 자기 자신의 내면으로 돌릴 줄 아는 영리함이 있다면 어떨까? 우리 내부에 있는 풍족함에 대해서, 한 번이라도 만족해본 적이 있는가? 아침에 일어났을 때 얼굴을 마주할 수 있는 가족이 있다는 것, 회사에 출근했을 때 반갑게 인사하는 동료들이 있고, 점심시간에 같이 차 한 잔 마실 수 있는 상사가 있으며, 나의 개인적인 대화를 들어주고 수긍해주는 CEO가 있다는 것이 얼마나 감사한 일인지 생각해본 적이 있는가?

일상 속 작은 호의에 만족하고 감사할 줄 아는 능력, 그것이 우리를 온전히 풍족하게 만들어주는 것 아닐까?

취업 사이트 잡코리아에서 2019년 5월 27일 발표한 자료에 따르면 이직 원인의 1순위는 연봉, 2순위는 상사에 대한 불만이다. 그런데 앞에서 살펴보았지만 연봉은 경제 생활을 가능하게 해주는 하위 차원의 욕구에 불과하다. 일정 수준의 연봉만 달성시킨다면 그 이상의 의미는 없다고 봐도 된다. 기본적인 연봉만 맞췄다면 결국 직원을 만족시키는 핵심은 상사, 즉 '동료'라고 볼 수 있다.

무임승차자가
늘어난다

불만족의 피라미드

99퍼센트의 회사는 피라미드 형태로 이루어져 있다. 피라미드 형태의 조직에서는 의사결정권이 위에서 아래로 흐른다. 그렇다면 성과에 대한 보상은 어떻게 이루어질까? 당연히 피라미드 맨 위에 위치한 '사장님'이 결정권을 가지고 직급 등의 순서대로 보상을 할 것이다. 결국 불공평한 분배가 이루어질 수밖에 없다.

99퍼센트의 조직은 보상이 균등하게 배분될 수 없는 구조다. 보상을 더 많이 받기 위해선 피라미드의 윗부분을 향해서 올라가야 되는데, 직급은 관문처럼 올라갈수록 인원 수가 점점 줄어든다. 누군가의 승진은 누군가의 승진 탈락으로 연결된다는 의미다. 즉 누군가의 급여 인상은 누군가의 급여 하락으로 연결된다.

결국 조직엔 불만 가득한 직원들이 넘쳐나게 된다. 단 한 명, 피라미드의 맨 꼭대기에는 불만족하지 않는 사람이 있을 수 있는데 우리는 그러한 사람을 '사장님'이라고 부른다. 결국 99.9퍼센트에 달하는 사람이 불만족스러운 상태에 머물게 되는 것이다.

무임승차라는 전염병

일부 불만을 가진 직원들은 자신에게 돌아온 보상에 대해 갖게 된 불만을 다른 방법으로 풀 가능성이 있다. 즉 성과와 보상이 일치하지 않는다고 느끼는 것이다. 이러한 현상을 미국의 사회심리학자인 레온 페스팅거(Leon Festinger)는 '인지부조화'라고 부른다. 인지부조화를 느낀 직원은 불편한 감정을 경험하고, 이를 해소하기 위한 노력을 한다.

쉽게 말해서 무임승차자(free-rider)가 되는 것이다. 무임승차자는 일을 일부로 하지 않는 직원을 일컫는다. 무임승차자의 문제는 전염성이 있다는 것이다. 무임승차자가 정상적인 월급을 받아간다고 하자. 그럼 주변의 다른 직원들은 무임승차자를 보며 자신의 노력도 줄이기 시작한다. 결국 무임승차자가 새로운 무임승차자를 만들어내는 것이다. 이러한 끔찍한 사실은 넷플릭스 CEO인 리드 헤이스팅스가 쓴 《규칙 없음》에 잘 나와 있다.

리드 헤이스팅스는 호주 뉴사우스웨일스 대학교 교수 윌 펠

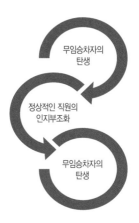

무임승차자의
탄생

정상적인 직원의
인지부조화

무임승차자의
탄생

프스(Will Felps)가 진행한 실험을 설명하였는데, 윌 펠프스는 무임승차자가 늘어나는 이유를 다음과 같이 지적했다. "다른 팀원들이 문제가 되는 사람의 특성을 흉내 내기 시작"하기 때문이라고. 여기서 문제가 되는 사람이란 다름 아닌 무임승차자라고 생각하면 된다. 리드 헤이스팅스는 이러한 문제를 잘 알고 있었다. 그는 책에서 성과가 낮은 직원이 전체 직원의 성과를 떨어뜨린다고 지적했다. "팀에 평범한 사람 몇몇이 끼어 있으면, 그들의 탐탁지 않은 능력이 다른 사람에게 전염되어 조직 전체의 성과를 떨어뜨릴 가능성이 크다."

리드 헤이스팅스가 '평범한 사람'이라고 일컫은 사람이 바로 무임승차자다. 그는 이러한 사실을 알고 난 뒤, 바람직하지 못한 행동을 하거나 본보기가 될 만한 성과를 내지 못하는 직원을 해고하게끔 매니저들을 훈련시켰다.

공정한 보상과 기회 부여가 해답

그러나 해고는 좋은 조직 문화를 파괴할 수도 있다. 혹은 지식이 순환되는 과정을 단절시킬 수도 있다. 때로는 인수인계가 의도적으로 제대로 이루어지지 않아, 조직 전반에 큰 문제가 생길 수도 있다. 해고는 드라마틱한 효과를 가져오는 만큼 부작용도 만만치 않다. 중요한 업무를 수행하는 핵심 간부가 무임승차자가 된다면 정말 끔찍한 결과를 가져올지도 모른다.

그런 간부는 회사 내에 자기만의 새로운 왕국을 만든다. 부서 이기주의를 부추기며, 집단적 태만으로 이어지도록 조직을 재배열하기도 한다. 핵심 간부가 무임승차자가 되면 어쩌면 한두 명을 해고하는 수준에서 문제가 해결되지 않을 수도 있는 것이다. 그렇기 때문에 조직의 수장이 가장 중요시해야 할 것은 애초부터 해고할 사람을 만들지 않는 것이다. 즉 무임승차자가 탄생하지 않도록 공정한 보상과 기회를 부여할 수 있는 조직을 만들어야 한다.

일례로 테슬라의 일론 머스크는 직원들이 보상 등의 면에서 불만을 갖지 않도록 항상 그들을 신경 써주는 직원들을 배치해왔다. 그런 직원들의 헌신 덕분에 일론 머스크는 스페이스X와 테슬라를 성공적인 기업으로 만드는 데 성공했다.

똑똑한 직원들이
점점 멍청해진다

효율성을 위해 공식성을 늘린다

무수히 많은 무임승차자의 탄생을 가만히 지켜만 보고 있을 사장은 없다. 다 같이 적게 일하고 다 같이 동일하게 번다는 시나리오는 아마 회사가 생각할 수 있는 최악의 가정일 것이다. 물론 사장도 가만히 있지는 않을 것이다. 대개 위대한 선구자가 이룩해낸 과학적인 경영기법을 사용한다.

그 선구자의 이름은 바로 프레더릭 윈즐로 테일러(Frederick Winslow Taylor)다. 그는 '과학적 관리론'이라 불리는 이론을 제시한 인물이다. 현대의 모든 조직 구조는 그가 부린 마법 아래 세워졌다고 생각해도 무방하다. 과학적 관리법의 마법은 20세기 당시만 해도 놀라운 성과를 이룩하는 데 성공했다. 테일러의

《과학적 관리법》에 따르면 미국 펜실베니아 주에 위치한 베들레헴 제철소에서 근로자들이 42킬로그램 무쇠를 운반하는 작업을 하고 있었는데, 1인당 평균적으로 12.5톤을 옮겼다. 그런데 테일러의 과학적 관리법을 적용하자 1인당 무쇠 운반 작업량이 1인당 47톤으로 늘어났다. 테일러는 어떤 마법을 부린 것일까? 테일러는 과학적 관리법을 적용하기 위해서 세 가지 요소가 필요하다고 보았다. 첫째, 무쇠를 옮기는 데 적합한 인재를 선발할 것, 둘째, 성과에 따라 임금을 부여할 것, 셋째, 가장 효율적인 방법으로 무쇠를 운반할 것을 제시했다.

지금은 성과급이 당연시되고 있지만 그 당시에는 성과에 따른 차등적 보상 방법이 없었기 때문에 과학적 관리법은 획기적이었다. 테일러의 핵심은 작업의 과학적 관리 방법에 있었다. 그는 효율적인 업무 수행 동작과 수행 절차 등을 마련해, 과업지시서(과업명세서)에 담았다. 과업지시서에 따른 효율적인 방법에 따라 업무를 수행하도록 해서 업무량을 증가시킨 것이다.

현대 경영기법은 모두 테일러의 과학적 관리법에 의해 설계됐다고 봐도 과언이 아니다. 현대 조직이 사용하는 업무 매뉴얼은 테일러의 이론의 영향을 받은 것이다. 업무 매뉴얼을 쉽게 표현하면, 시키는 대로 일을 하라는 것이다. 개인의 사사로운 판단으로 일하지 말라는 의미이고, 창의적으로 일하지 말라는 완곡한 표현이기도 하다.

결국 회사엔 창의적이거나 자기주도적으로 일하는 직원 대신 로봇처럼 시킨 일만 하는 직원이 늘어나게 된다. 테일러의 과학적 관리법은 19세기 말이나 20세기까지는 통했을 수도 있다. 그러나 21세기처럼 복잡하고, 변동성이 큰 환경에서는 성공을 거두기 어려워 보인다. 과학적 관리법의 문제는 직원들로 하여금 시킨 일은 열심히 하게 하지만, 시키지 않은 일이나 창의성을 요하는 일에는 전혀 관심을 갖지 않게 한다는 점이다.

공식성이 늘어나면 복잡성도 증가한다

그런데 업무 매뉴얼이 증가할수록 조직은 점점 복잡해진다. 매뉴얼이 증가하는 현상을 공식성이 증가한다고 표현하는데, 공식성 증가는 복잡성 증가로 연결된다. 복잡성이란 직원이나 부서의 수 같은 것들이 증가하면 늘어나는 변수를 이야기한다.

예컨대 삼성전자의 직원은 10만 명이 넘는다. 그 정도 조건에서는 복잡성이 기하급수적으로 늘어나게 된다. 회사는 개인과 개인이 상호작용하는 조직이다. 단순하게 말하면 100억 가지의 연결고리가 생긴다는 것과 같다. 얼마나 복잡성이 심각해지는지 알 수 있다. 이 경우 삼성전자 부회장인 이재용은 자신의 조직에서 어떤 문제가 발생하고 있는지, 어떤 제품을 개발하고 있는지를 정확히 알 수 없다.

복잡성을 줄이기 위해 기득권 직급을 만든다

회사가 점점 커져서 복잡해지면 사장은 다시 복잡성을 줄이는 방안을 찾기 시작한다. 사장은 말을 잘 듣거나 충성심이 강할 것 같은 직원들을 고른다. 대개 근속연수가 오래됐고, 자신의 비위를 맞춰줄 만한 직원들이 그 대상이 된다. 사장은 이제 선택받은 직원들에게 직급을 부여한다. 부장, 차장, 과장, 대리 등의 직급을 부여하는 것이다. 그리고 직급을 부여한 직원에게 권한을 준다. 그리고 그 직원은 '업무에 따른 책임'을 갖게 된다.

사장이 선택받은 직원들에게 부여한 권한은 사실 공식적 권한에 불과하다. 그런데 권한 뒤의 권한이라는 것이 생긴다. 이를 '그림자 권한'이라고 부르도록 하겠다. 처음에 권한은 사장이 부여한 공식적 권한에서 출발한다. 그러나 시간이 지남에 따라 보다 사적이고 은밀한 자리에서 공식적 권한 뒤에 가려진 권한이 드러난다. 예를 들어 부장이 부하직원들과 회식자리를 가지면서 이야기를 나눈다. 혹은 휴게실에서 대화를 나눌 수도 있고, 사적으로 어떤 공간에서든 대화를 주고받을 수 있다. 그 과정에서 부하직원들이 상사인 부장에게 잘 보이기 위한 행동을 한다. 여기서 바로 그림자 권한이 탄생한다.

부장은 그림자 권한을 자신의 사적 영달을 추구하기 위한 수단으로 휘두른다. 사소한 일에도 보고를 하도록 지시하고, 말을 안 듣는 직원에게는 인사고과에서 낮은 점수를 부여한다. 부하

직원들은 부장의 권한에 저절로 고개를 숙인다. 부하직원들은 일을 열심히 해야 할 것 같고, 부장보다 일찍 퇴근해선 안 될 것 같고, 연차 유급휴가를 자유롭게 써선 안 될 것 같은 압박을 받는다.

이것은 정확히 사장이 원하는 일인 것이다. 복잡성이 너무 증가했기 때문에 자신을 대신해서 일을 시킬 누군가가 필요하다. 그 역할을 부장이 대신한 것뿐이다. 물론 그림자 권한이 탄생할 거란 걸 예상하진 못했지만, 그 덕분에 직원들이 끽소리 못 내고 기계처럼 일하게 되었으므로 실보다 득이 더 크다. 결국 사장은 위에 앉아서 직원과 직원 간 갈등을 조장하고 있었던 셈이다.

그렇게 사장과 부장의 암묵적 합의로 부장은 마음껏 권한을 휘두른다. 이 와중에 직원들은 심한 압박을 느끼겠지만, 조직이 하나의 방향을 향해서 움직일 수 있다는 점에서 나쁜 대안은 아닌 것처럼 보이기도 한다.

직원들의 잠재력을 키워주려면

그러나 부장의 그림자 권한에 휘둘리는 직원들은 혹시라도 욕을 먹을까 두려워서 불만이 있어도 표현하지 못한다. 이 말의 다른 의미는 더 좋은 의견이나 아이디어가 있어도 말하지 못한다는 것이다. 불안감이 조직 내 도처를 장악해나가기 때문이다.

결국 직원들은 스스로의 유능함을 감춰버린다. 직원들의 뛰어난 재능과 역량은 사적인 취미생활에서만 드러낼 뿐이다. 회사에선 그들이 지닌 비범함은 그림자 권한 아래 파묻힌 보석에 불과하다. 그렇기 때문에 건실한 조직이라면 지나친 공식성의 증가를 경계해야 한다. 공식성의 증가는 곧 기득권, 중간 라인의 강화를 의미하기 때문이다. 중간 라인이 강해진다는 의미는 부서 이기주의, 유리벽, 차별적 조직 문화 등의 부작용을 야기한다.

삼성전자 회장이었던 권오현은 《초격차》에서 중간관리자의 이기주의적 행위나 부서 이기주의를 극복하기 방법으로 부서장들의 전환 배치를 권한다. 권오현에 따르면 부서 이기주의는 부서 간 소통이 단절된 회사에서 발생한다. 부서 간 소통 단절로 인해 갈등이 생긴다는 것이다. 그렇게 되는 이유는 각 부서장들의 기득권 유지 전략 때문이다.

그들은 권한을 유지하고 실적을 빼앗기지 않기 위해 은밀한 내부 정보를 만들고 있기 때문에 소통을 거부한다. 그러니 전환 배치는 이런 상황을 해결하는 괜찮은 방법일 수도 있을 것이다.

공식성 추구는 모래 위의
성 쌓기를 부른다

문제 삼지 않으면 문제 되지 않는다

공식성을 정교하게 추구하는 사장은 자신이 원하는 대로 조직이 자동 시스템처럼 돌아가도록 설계하는 데 성공할 수도 있다. 직원들은 순한 양처럼 말을 잘 들을 것이다. 나쁘게 말하면 똑똑한 직원이 멍청해진 것이지만 사장 눈에는 말을 잘 듣는 직원으로 보일 것이다. 직원들은 업무 매뉴얼에 따라 정확히 업무를 수행하는 것처럼 보인다. 사장은 항상 바쁘게 움직이는 직원들을 보며, 직원들의 가동률을 100퍼센트 달성했다고 여길 것이다. 테일러의 과학적 관리법에 따라 가장 효율적으로 일을 시키고 있기 때문이다.

그러나 자율성을 잃어버린 직원들은 그저 시킨 일만 열심히 할 뿐이다. 그들은 회사에 문제들이 점점 누적되는 것을 관찰해도 굳이 상사에게 보고하진 않을 것이다. 상사도 그러한 상황을 눈치채고 있을 테지만, 암묵적 합의하에 문제를 거론하지 않을 가능성이 더 크다. 상사도 부하직원도 한마음으로 문제를 은폐하는 것이다. 그들은 '문제 삼지 않으면 문제 되지 않는다'고 생각한다. 드러나지 않은 문제를 꺼내봐야 그들에게 도움이 될 게 하나도 없기 때문이다. 그러나 체계적 근무 태만은 서서히 윤곽을 드러내다 결국 시한폭탄처럼 터져버린다.

여행 보험사 관리자 겸 미국의 산업 안전 선구자였던 허버트 하인리히(Herbert W. Heinrich)는 7만 5,000건의 산업재해를 분석한 결과, 아주 흥미로운 법칙 하나를 발견했다. 그는 한 번의 중대한 재해가 일어나기까지 같은 원인의 작은 재해 29회와 운 좋게 피해를 입지는 않은 사고 300회가 일어난다고 주장했다. 이 말을 조직적 측면으로 보면, 체계적 근무 태만이 300회 일어나는 동안 29회의 실수가 발생하고, 이는 한 번의 거대한 실수로 이어진다는 얘기다.

3억 2,760만 달러짜리 폭죽쇼

1998년 12월 11일 미국 항공 우주국(NASA)은 화성 탐사에 필요한 자료를 얻기 위해 우주선을 쏘아올렸다. 이른바 '화성 기후

궤도선'은 화성 개척을 위해 필요한 정보를 지구로 전송하는 첨병 역할을 할 인류의 중요한 자산이었다. 이 우주선을 쏘아올리기 위해 3억 2,760만 달러가 들었다. 처음엔 안정적으로 화성 궤도에 진입하는 것처럼 보였다. 그러나 화성 뒷면으로 들어간 이후, 역추진 로켓을 사용하여 정상 궤도에 진입하여 지구와 전파교신을 재개할 예정이었으나, 교신이 이루어지지 않았고 결국 파괴되어버렸다.

항공 우주국은 원인을 분석하기 위해 조사위원회를 조직했고, 조사위원회는 놀라운 발표를 했다. 미국의 첨단 기술 회사인 록히드 마틴(Lockheed Martin) 사에서 계산한 화성 궤도 진입을 위해 필요한 로켓 분사의 운동량 변화는 파운드/초 단위로 되어 있었으나, 항공 우주국에서 이를 킬로그램/초 단위로 입력해 오류가 일어난 것이다. 실수는 멍청하게도 초등학생들도 구별할 수 있는 단위 혼동에 있었다.

그렇다면 여기서 문제를 일으킨 건 누구일까? 단위를 혼동한 직원 한둘일까, 아니면 팀 전체일까? 항공 우주국은 팀 단위로 움직였고, 정확한 수치를 계산하기 위해 첨단 기술 회사에 의뢰하기까지 했다. 항공 우주국 팀원들은 전원 세계 최고의 석학들이었다. 개개인만 놓고 보면 어딜 가더라도 손색이 없는 인재다.

그러나 문제는 이들이 팀이 됐을 때 발생했다. 팀원들은 모두 각자 일로 분주했고, 문제를 발견하고도 이의를 제기하지 않았다. 정확히는 이의를 제기할 의욕이 없었을 가능성이 높다. '누군가 하겠지', '아무도 문제를 제기하지 않았으니 괜찮을 거야' 하고 생각했을 것이다. 팀원들은 능동적으로 권한 범위를 넘어 노력하기보단 주어진 권한과 책임 내에서 수동적으로 일을 했던 것이다. 공중에 쏘아올린 3억 2,760만 달러짜리 폭죽쇼는 체계적 근무 태만이 일으킨 전형적인 사고였다.

만약 누군가 팀원들을 독려하고 문제를 능동적으로 파악할 수 있는 분위기를 만들었다면 어땠을까? 그러나 안타깝게도 공식 매뉴얼이 만들어낸 권위주의적 문화와 수직적 소통 구조에선 서로 간에 좀처럼 신뢰 관계가 형성되지 않는다. 이런 분위기에서는 베푸는 자, 기버(Giver)가 나타나기 어렵다. 기버는 애덤 그랜트(Adam Grant)의 《기브앤테이크》에 따르면, 상호관계에서의 무게의 추를 상대방 쪽에 두는 부류를 의미한다. 즉 조직에서 다른 직원들과 협력적 관계를 갖는 이들을 말한다. 협력적 관계는 조직 문화가 토론이 자유로울 때 비로소 발생한다. 협력적 관계가 형성된 조직에서는 기버가 많이 탄생하고, 실수도 줄어든다.

그러나 공식 매뉴얼로 분권화된 조직에서는 직무와 직무 사이에 느슨해진 공백이 발생하기 쉽다. 어쩌면 문제가 발생할 수 있다는 건 해당 팀원들 모두가 공감하고 있었을 것이다. 남에게 미루는 문화, 최소한의 소통, 책임 회피 성향이 보이는 조직에서는 아무도 이의를 제기하지 않는 것이 불문율이다.

그렇기 때문에 누군가 문제가 생길 수 있으니 프로젝트 데드라인을 늦춰달라는 부탁을 하거나, 프로젝트를 재검토할 수 있는 자원을 투입해달라는 요구를 했어야 했는데도 아무도 그러지 않았다. 모두가 문제가 생길지도 모른다는 마음속 불안감을 막연히 접어둘 뿐이었다. 이것이 바로 공식 매뉴얼을 따르는 조직에서 발생하는 체계적 근무 태만의 실상인 것이다.

이제 '문제 삼지 않으면 문제 되지 않는다'는 말은 전면 수정되어야 한다. '문제 삼지 않으면 될 일도 안 된다'로 말이다. 만일 공식 매뉴얼이 아닌 신뢰가 바탕이 된 능동적인 조직이었다면 어땠을까. 화성에 있는 미생물들에게 감동을 주기 위해 3억 2,760만 달러, 그러니까 한화로 약 3,800억 원짜리 불꽃놀이를 준비하는 고생은 하지 않아도 됐을 것이다.

직원이 조직의 근간이다

조직 내 공식성 증가로 인한 사고는 사실 처음엔 쉽게 드러나지 않는다. 공식성이 증가하면 복잡성도 필연적으로 증가하는데, 복잡성은 권한을 배분받은 직원들 때문에 생겨난다. 권한을 배분받은 직원들은 문제가 생겨도 이를 쉽게 밝히지 않으려는 습성을 지니고 있다. 이러한 습성은 스스로를 보호하려는 인간 본능에서 비롯된다고 볼 수 있다. 이러한 인간의 습성을 심리학적 용어로 자기 보호 편향, 고슴도치 딜레마, 권위주의적 성격 증후군, 집단 이동적 사고 등으로 부른다.

조직 내 공식성과 복잡성이 늘어나서 생긴 사고의 예로, 후쿠시마 원전 폭발 사고를 들 수 있다. 도쿄전력은 문제가 발생한 사실을 최대한 감추려고 했다. 앞선 체르노빌 원전 폭발 사고에서도 마찬가지였다. 이런 사고에서 책임 소재는 책임을 져야 할 누군가가 모종의 조작을 함으로써 감춰지게 된다. 미국 항공 우주국 프로젝트 진행 팀은 전부 해고당했다. 왜냐하면 정확히 누가 실수했는지 알 수 없었기 때문이다. 그들은 분명 자신의 책임 소재를 감추기 위해서 노력했을 것이다. 그러다 보니 결국 정말 누가 잘못했는지 아무도 알 수 없는 상황에 빠지게 된 것이다.

이처럼 공식성을 증가시켜서 겉으로 탄탄하고 체계적인 것처럼 보이는 조직이라고 해도 구성원들이 집단적으로 태만에 젖으면 큰 문제를 일으키게 된다. 무엇보다 직원이 조직의 근간이기 때문이다. 직원이 태만이나 타성에 젖는다면, 무슨 수를 써도 결국 모래 위에 성을 쌓는 일밖에는 되지 않는다.

멈추어 생각해보기

당신이 사장이라면, 아래 질문을 깊이 생각하고 답해보자.

1. 비범한 직원들에게 너무 단순한 일을 시키고 있지 않은가?
2. 너무 많은 업무 규정을 만들어놓지 않았는가?
3. 중간관리자에게 너무 많은 권력을 주지 않았는가?
4. 직원들이 자유롭게 사고할 수 있는 기회를 부여하고 있는가?

혼자만 우월한 리더는
조직을 망하게 한다

모든 행동에는 목적이 있다

드라마 〈나의 아저씨〉에서 권나라(최유라 역)가 송새벽(박기훈 역)에게 이렇게 말한다. "절 활짝 피게 해주세요. 감독님이 절 쪼그라들게 만들었으니깐 다시 돌려놔요."

송새벽은 드라마 감독이었는데, 주연 배우로 캐스팅 된 권나라에게 연기를 너무 못한다고 윽박지르듯이 몰아붙였다. 결국 권나라는 점점 주눅 들었고, 결국 영화판에 설 자신을 잃게 됐다. 그래서 권나라는 송새벽에게 자신을 다시 자신감에 찬 사람으로 만들어달라고 부탁한 것이다. 하지만 송새벽은 권나라가 연기를 너무 못해서 그런 거라고 자신을 탓하지 말라고 말한다.

그러나 얼마 후, 권나라가 다른 드라마를 찍다가 크게 상처를 받은 모습을 보고 송새벽은 독백처럼 권나라에게 다음과 같이 말했다.

"10년 전에 너랑 찍던 그 영화 찍으면서 알았어. 망했다. 큰 일 났다. 찍어서 걸면 100퍼센트 망하고, 난 재기도 못할 것 같았어. (중략) 그래서 네 탓 하기로 한 거야. 내가 구박하면 할수록 네가 벌벌 떨면서 엉망으로 연기하는 거 보면서 나 안심했어. 더 망가져라. 더 망가져라. 그래서 이 영화 엎어지자. 내가 무능한 게 아니라 쟤가 무능해서 그렇다. 반쯤 찍은 거 보고 제작사가 엎자고 했을 때, 안심했어."

송새벽은 감독으로서 커리어를 지키기 위해 권나라를 몰아붙였던 것이다. 자신의 잘못이 아니라 다른 사람의 잘못 때문에 드라마가 실패한 것이어야 했다. 그래도 송새벽은 양심이 있었는지 권나라에게 자신의 잘못을 인정하고 말했다. 그러나 현실 속 사장이나 상사에게서 그런 배려는 기대할 수 없다.

현실은 지극히 냉담하고 교활하다. 사장이나 상사들은 실제로는 자신의 잘못조차 파악하지 못하는 경우가 대다수다. 그렇다고 사장이나 상사들이 나쁘다는 것은 아니다. 우리는 누구나 본성의 지배를 받는다. 상황을 객관적으로 해석할 수 있는 능력이 결여돼 있다. 그렇기 때문에 스스로의 결함에 대해 받아들이고 상황을 객관적으로 인식하는 능력을 키울 필요가 있다.

사장이나 상사들이 대개 하는 말이 있다.

"직원들은 열심히 하지 않으려 한다." "왜 시켜야지만 하는 건지 모르겠다." "내가 뭘 믿고 너한테 일을 맡기냐." "결국 내가 해야 된다."

어쩌면 당신은 이와 같은 말들을 들어봤거나 해봤을지도 모른다. 상사들은 직원들이 무능하다고 여긴다. 그리고 생각으로만 그치지 않고 구태여 그 말을 뱉어내고야 만다. 일부러 들으라고 외치는 것 같다. 이러한 말을 내뱉는 건 정확히 목적이 있다. 오스트리아의 정신의학자 알프레트 아들러(Alfred W. Adler)는 인간을 목적론적 존재로 여긴다. 그의 분석에 따르면, 인간의 모든 행동에는 목적이 반영돼 있다. 이러한 인간의 특징은 성과를 달성해야 하는 조직에서 더욱 민감하게 나타날 것이다. 조직에서 누군가 사소하게 툭 내뱉은 말에도 숨은 가시가 있다.

리더 때문에 멍청해지는 팀원들

리더가 이처럼 잔인한 모욕감을 서슴지 않고 심어주는 이유가 있다. 모든 인간은 자기 고양적 편견과 나르시시즘을 갖고 있다. 이 둘이 결합되면 자신의 잘못은 인정하지 않게 되고, 남 탓을 하는 경향이 생긴다.

어떤 프로젝트를 맡고 있는 리더가 있다고 해보자. 그런데 프로젝트가 전혀 성공할 기미가 보이지 않는다. 프로젝트 리더는 실패가 자신 때문이란 사실을 도저히 받아들이지 못한다. 실패를 외부 탓으로 돌리는 시도를 한다.

리더는 프로젝트에서 점점 실패의 조짐이 나타나면 팀원들을 압박하기 시작한다. 그들에게 모진 소리를 내뱉기 시작한다. 송새벽이 권나라에게 했듯이, 심장을 도려내는 듯한 말로 팀원들을 압박한다. "내가 너를 어떻게 믿어? 시키는 대로 하는 것도 제대로 못하지?" 리더는 그런 말을 쏟아내면서 정말 팀원들이 점점 무능하다고 여기기 시작한다. 급기야 리더의 예언은 정확히 들어맞는다. 팀원들은 정말 무능했던 것이다. 아니, 정확히는 무능해진 것이다. 리더가 팀원들을 무능하다고 생각할수록 정말 무능해진다. 이러한 현상을 바로 '자기 실현적 예언'이라고 한다.

리더의 자기 실현적 예언은 대체로 이루어진다. 리더가 팀원들이 멍청하다고 여기면 멍청해지고, 똑똑하다고 여기면 똑똑해진다. 이처럼 리더의 생각이 현실로 이루어지는 이유는 팀원들이 리더의 생각을 느끼고 반응했기 때문이다.

압박을 느끼면 뇌가 멈춰버린다

인간은 감정 지능(Emotional Intelligence)이 높은 동물이다. 즉 타인이 나를 어떻게 생각하고 있는지 본능적으로 파악한다. 우리는 타인이 보낸 카톡에 마침표가 있는지, 물결표를 덧붙였는지, 이모티콘을 보냈는지, 연락을 언제 했는지 등을 하루 종일 생각하기도 한다. 우리는 타인이 우리와 대화할 때, 어디를 쳐다보고 있는지, 다리를 떨고 있는지, 팔짱이나 깍지를 끼고 있는지, 고개를 숙이고 있는지 등을 보고 상대가 기쁜지, 지루한지, 분노했는지 등을 파악할 수 있다. 사회적 동물로서 발달한 감정 지능은 우리에게 반드시 필요한 능력이지만 반대로 우리를 주눅 들게 만들기도 한다.

경기장에서 패배한 선수들에게 관중들이 야유를 퍼부으면 선수들은 몸을 움츠리는데, 이러한 것을 '초킹(Choking) 현상'이라고 한다.[10] 초킹 현상은 동물들이 겁을 먹었을 때 나타난다. 예를 들어, 사바나 초원에서 풀을 뜯어 먹고 있던 톰슨 가젤이 사자 같은 맹수를 만나면 순간적으로 몸을 정지시키는 반응을 한다. 몸을 정지시킨 이유는 신체의 움직임을 줄이면 맹수가 못 보고 지나가는 경우도 있기 때문이다. 그렇기 때문에 위협에 처하게 되면 몸을 정지시키는 것은 자연스러운 행위인 것이다.

인간도 마찬가지다. 맹수를 보게 되면 몸이 굳는 톰슨 가젤처럼 우리는 상사의 꾸지람을 들으면 몸을 움츠리게 된다. 보다 과학적으로 설명하자면, 우리는 위험에 직면하면 편도체가 활성화되는데 그에 따라 이성을 관장하는 대뇌 신피질의 활동이 줄어들게 된다. 이성적 사고는 우리가 회사 업무를 수행하기 위해 반드시 필요한 활동이다. 그런데 위험에 처하게 되면 이성적 사고를 못하도록 몸이 마비돼버리는 것이다.

이런 얘기를 하면, 오늘날 인간이 위험에 직면하는 일은 거의 없다고 반론을 제기할 수도 있다. 그러나 상사의 꾸지람은 사실상 '위협'에 가깝다. 누군가 우리에게 윽박지르거나, 일을 못한다고 잔소리했을 때 우리가 느끼는 심정은 사바나 초원에서 사자를 마주친 톰슨 가젤의 심정과 비슷하다. 일을 못한다는 얘기는 '경제 활동에 자질이 없다'는 뜻으로 우리에게 받아들여져 생존에 위기를 느끼게 되기 때문이다.

리더로부터 압박감을 느낀 직원들은 성과가 점점 떨어지게 된다. 물론 리더는 이러한 사실을 전혀 모른 채 직원들을 계속 압박하고 모욕감을 선사하기도 할 것이다. 아마도 리더는 스스로 우월하다는 착각 속에 빠져 있을지도 모른다. '나는 이렇게 쉽게 하는데, 저들은 못한다. 역시 내가 없으면 안 된다.'

조직을 망하게 만든 탁월한 일인자들

리더는 어쩌면 정말 능력이 뛰어난 사자 같은 존재일지도 모른다. 그런데 리더가 직원들에게 무리한 압박을 가해서 양 떼 무리로 만들어놓고, 혼자서만 사자 놀음을 하고 있다면 과연 조직이 성공할 수 있을까? 혼자서만 뛰어난 능력을 발휘하는 조직은 대체로 결과가 좋지 않다.

팬아메리칸 월드 항공은 한때 세계 최고의 항공사였다. 우리나라로 치면 대한항공 정도였다. 1960년대부터 1970년대까지 항공업계는 팬암(팬아메리칸 월드 항공의 약칭)이 지배하고 있었다. 팬암을 창업한 후안 트리프(Juan Trippe)는 아무도 생각하지 못한 더 크고 빠른 비행기를 통해 미국 항공업계를 지배했다. 그러나 그 자신의 능력은 뛰어났을지 모르지만, 그가 은퇴한 뒤 결국 팬암은 1991년 파산을 하게 됐다. 우리나라의 대한항공이 사라져 버린 셈이다.

로버트 그린이 쓴 《인간 본성의 법칙》에 따르면, 디즈니의 전 CEO 마이클 아이스너(Michael Eisner)는 사람들의 시선을 즐기는 사람이었다. 혼자서는 뛰어난 수완을 가진 전략가였지만, 명예에 욕심이 많은 사람이었다. 그가 CEO로 역임하는 동안 디즈니는 큰 성공을 거뒀다. 그러나 그는 자신보다 각광받을 것 같은 사람들을 해고하기 시작했다. 이인자였던 제프리 캐천버그(Jeffrey Katzenberg), 최고 운영 책임자였던 프랭크 웰스(Frank Wells) 등을 내쳤다. 그 뒤로 디즈니는 침체의 길을 걷게 된다.

미국의 건축가 프랭크 로이드 라이트(Frank Lloyd Wright)는 근현대 건축의 4대 거장 중 한 명으로 꼽힌다. 그는 무려 1,000여 개에 달하는 건축물을 설계했다. 폴링워터(Falling Water), 통합의 신전(Unity Temple) 등의 유명 건축물이 그의 업적으로 남았다. 하나의 건축물을 설계하기 위해선, 수많은 사람의 도움이 필요하다. 예를 들어 제대로 된 건축물을 설계하기 위해선 발주처 협의 및 보고자료를 만들어야 하고, 법규 및 규모 검토를 해야 하며, 디자인과 콘셉트를 구상해야 한다. 또한 예상할 수 없는 문제들이 발생했을 때, 시시각각 대응해야 한다. 위대한 건축가라고 해서 혼자 할 수 있는 일이 아닌 것이다.

프랭크 로이드 라이트의 업적 뒤에는 뛰어난 견습생들의 노고가 있었다. 그러나 어느 순간부터 그는 견습생들을 등한시했다. 교육을 명목으로 무리한 업무를 시켰고, 일을 못한다고 무시했다. 결국 설계에 차질이 생기기 시작했다. 그는 약 10년 동안 제대로 된 업적을 낼 수 없는 지경에 이르렀고, 말년에는 가난에 허덕이게 되었다.

후안 트리프, 마이클 아이스너, 프랭크 로이드 라이트는 모두 뛰어난 실력자였다. 그러나 혼자서 각광받으려는 잘못된 유혹에 빠졌고, 결국 좋지 못한 결과를 내고 말았다.

'훌륭한 용장 밑에 졸장 없다'는 이야기가 있다. 조직은 리더 혼자서만 스포트라이트를 받아서는 결코 성공할 수 없다. 함께하는 직원들이 부족해 보인다 하더라도 비난하기보단 그들의 뛰어난 점을 찾아서 개발해주어야 한다. 인간은 선택적 지각(Selective Perception)을 하는 성향이 있다. 어떤 사람이 못나다고 생각하면 못나 보이고, 뛰어나다고 생각하면 뛰어나 보이는 것이다. 뛰어난 용장이라면 직원의 단점보단 장점을 찾고, 그들을 적재적소에 배치시킬 줄 알아야 한다. 조직은 리더 혼자서만 키워나가는 것이 아니라 함께 커나가야 하는 것이다. 혼자서는 아무것도 할 수 없다.

물론 적당한 압박은 조직을 위해서 좋을 수도 있다. 그러나 지나치게 주도적인 리더는 오히려 직원들을 주눅 들게 만든다는 점을 명심해야 한다. 당신이 리더라면, 뛰어난 성과를 낼 수 있었던 직원을 너무 몰아붙이지는 않았을까 스스로 고민해보길 바란다.

성과 중심주의는
거짓 성과를 만들어낸다

영존하는 건 없다

이론적으로 영원히 살 수 있는 생명체가 있다. 우리가 요리해 먹기 좋아하는 것이기도 하다. 바로 절지동물의 일종인 가재다. 세포가 노화하는 이유는 세포를 복제하는 텔로미어(Telomere)의 수명이 다했기 때문이다. 그러나 가재는 텔로미어의 수명을 연장하는 특수한 DNA가 있다. 인간은 세포가 분리될 때마다 텔로미어가 줄어들어 결국 영원히 사멸한다. 그러나 가재는 줄어든 텔로미어를 다시 복원하기 때문에 세포 분리로 인해 사멸하지 않는다. 결국 영원히 살 수 있는 셈이다. 진나라 황제였던 진시황이 그토록 원했던 불로불사의 비결을 가재가 지니고 있었던 것이다.

그런데 이론적으로 가재는 불로불사여야 하지만 실제로는 그렇지 않다. 가재는 때가 되면 갑각을 뚫고 탈피해야 한다. 갑각은 탈피를 거듭할수록 점점 두꺼워지고 단단해진다. 얼핏 보면 포식자들로부터 몸을 보호하기 위한 안전장치를 마련한 셈이다. 그런데 크기가 커지면 포식자의 눈에 띄어 잡아먹히거나, 탈피하기엔 너무 단단해진 갑각에 갇혀 죽어버리는 경우도 생긴다.

아마도 가재는 생애 마지막에 이렇게 생각할지도 모른다. '결국 이렇게 갇혀 죽을 텐데, 왜 그렇게 갑각을 단단하고 크게 만들었을까?'

정확한 성과 측정은 불가능하다

조직 내 모든 것의 성과를 측정하는 것은 불가능하다. 그러나 조직은 언제나 투자자본수익률(ROI)에 따라 조직 성과를 측정한다. '투자자본수익률'이란 투자를 해서 거두어들인 성과 정도를 말한다. 이것을 측정하는 다양한 기법과 도구가 있는데, 구글에서 사용하는 OKR(목표 Objective, 핵심 결과 Key Results의 합성어) 등도 여기에 속한다. 어떠한 도구를 사용하든 핵심은 투자 대비 성과를 측정하는 것이다.

문제는 대부분의 경우 성과를 측정하기 어렵다는 것이다. 조직은 열 명의 사람만 모여도 복잡해진다. 숫자가 더 많아지면 많아질수록 기하급수적으로 복잡해진다. A가 성과를 잘 냈지만 B가 성과를 제대로 내지 못한 경우, B에게 책임이 있지만 실상 A와 B 모두의 책임으로 보는 경우가 많다. 성과 측정을 위해 책임 소재를 가려야 하지만, 현실에선 책임 소재를 따지기 어려운 경우가 많기 때문이다.

사무직 직원 같은 경우는 성과 측정이 더욱 어렵다. 예컨대 인사팀 직원들의 성과를 측정한다고 해보자. 이들이 직원들을 채용했다. 그런데 채용된 직원들이 성과를 내는지 여부는 1년 정도 지난 후에야 제대로 알 수 있다. 아니, 사실 1년이 지나도 불가능한 경우도 있다. 대기만성형 직원의 경우에는 성과를 10년 뒤에나 제대로 낼지도 모른다. 한마디로 인사팀 직원의 성과를 측정하는 것은 어려운 셈이다.

생산직 직원도 성과를 측정하기 어려운 건 마찬가지다. 성과주의를 도입하면 생산직 직원들은 자신의 성과 달성에만 몰두하게 되고, 조직에 도움이 되는 업무라 하더라도 성과에 도움이 안 되면 일절 신경 쓰지 않는다. 결국 투자자본수익률 측면에서 단기 성과는 증가했지만 정작 조직 전체의 성과는 증가하지 않는 경우도 생긴다. 즉 투자자본수익률 지표만 보고서 조직이 성장하고 있다는 위험한 착각에 빠질 수도 있다는 것이다.

열심히 하는 척해서 살아남는다

이런 상황에서 성과를 증명해 보일 수 없는 자들은 어떤 행동을 할까? 직원들은 회사에 자신의 필요성을 계속해서 어필해야 하는 입장이다. 그런데 성과 측정을 제대로 할 수 없는 환경이라면 어떤 행동을 하는 것이 타당할까? 바로 성과를 낸 것처럼 행동하는 것이다. 만일 당신이 직원이라면 '나는 그런 치사한 행동을 안 한다'고 말할지도 모른다. 그러나 내가 아는, 그리고 내가 상담한 직원들은 거의 대부분 이미 그러한 행동을 하고 있었다. 당신은 다음과 같은 질문에 대해 심사숙고를 해볼 필요가 있다.

왜 많은 사람이 회사에서 일이 없는데도 늦은 시간까지 퇴근을 안 할까? 왜 할 일도 없으면서 컴퓨터 화면에는 항상 업무 관련된 자료를 띄워놓을까? 왜 일이 없는데도 굳이 서류를 뒤적거리는 것일까? 인간의 모든 행동에는 숨은 의미가 있다. 우리들의 이성을 관장하는 대뇌 신피질은 우리가 '일을 열심히 하는 척' 위장하는 것을 인식하지 못할 수도 있다. 그러나 우리의 본능을 관장하는 편도체는 우리가 어떻게 하면 살아남을 수 있는지 알고 그에 따라 자연스럽게 행동하도록 이끈다. 이성을 담당하는 대뇌 신피질은 사실상 감정을 담당하는 편도체의 노예에 불과하다.

우리가 감정에 의해서 어떠한 행동을 했다고 하더라도, 우린 감정 때문에 한 것이 아니라 이성적 사고에 의해서 했다고 이야기한다. 예컨대 한 직원이 회사의 금품을 사장 몰래 수수하고 편취한 적이 있었다. 일종의 배임을 한 셈이다. 그런데 이것이 들통나 해고당했을 때, 그는 노동위원회에 출석해서 다음과 같이 말했다. "일부러 그런 건 아니에요. 급여가 너무 적고 회사에서 대우도 좋지 않아서 그랬던 겁니다." 그런데 과연 급여가 너무 적고 대우도 좋지 않아서 금품 편취를 한 것일까, 아니면 스스로 검은 욕망에 의해 금품을 편취하다 걸리자 급여가 너무 적고 대우도 좋지 않았다는 변명을 내세운 것일까? 여기서 핵심은 본인조차도 진실을 모를 가능성이 높다는 것이다.

먼저 감정에 따라 행동하고, 이성적 이유를 찾는다

미국의 사회심리학자 다니엘 웨그너(Daniel M. Wegner)는 저서 《Illusion of Conscious Will》에서 인간의 의식과 의지는 뇌에 의해 만들어지는 환상이라고 주장했다. 편도체는 감정을 관장하는 기관으로 이성보다 앞선다. 그러므로 인간은 먼저 감정적인 행동을 한 뒤에 이성적인 핑계를 대는 경우가 많다. 유발 하라리는 《호모 데우스》에서 인간에게는 '경험하는 자아'와 '이야기하는 자아'가 존재한다고 말했다. 그는 책에서 2002년 노벨경제학상을 수상한 대니얼 카너먼(Daniel Kahneman)의 실험에 대해서 다음과 같이 소개한다.

카너먼은 실험에 자원한 사람들에게 세 부분으로 구성된 실험에 참가해달라고 요청했다. 실험의 첫 번째 '짧은' 부분에서는 참가자들에게 14도의 물이 담긴 그릇에 한 손을 60초 동안 넣고 있게 했다. 고통스러울 듯 말 듯한 정도의 불쾌한 자극이다. 60초 뒤 그들에게 손을 꺼내라고 했다. 그런 다음 실험의 두 번째 '긴' 부분으로 넘어가 참가자들에게 다른 손을 물이 담긴 다른 그릇에 넣게 했다. 온도는 역시 14도였다. 하지만 60초 뒤 참가자들 모르게 뜨거운 물을 용기에 흘려넣어 온도를 15도로 조금 올렸다. 그리고 30초 뒤 손을 빼라고 했다. 일부 참가자들은 '짧은' 부분을 먼저 했고, 나머지 참가자들은 '긴' 부분을 먼저 했다. 그리고 어느 경우든 두 부분이 끝나고 정확히 7분 뒤 실험의 가장 중요한 세 번째 부분에 참여하게 했다. 참가자들은 앞선 두 부분 중 하나를 반복해야 했는데, 어느 부분을 반복할지는 그들 자신이 선택할 수 있었다. 참가자 가운데 80퍼센트가 그들이 덜 고통스러웠다고 기억하는 '긴' 부분을 반복하겠다고 했다.

위 실험은 객관적으로 보면 사람들이 불쾌한 자극을 많이 주는 '긴' 실험을 피했어야 하는데도 불구하고, 그것을 다시 하기로 선택했다는 사실을 알려준다. 하라리는 찬물 실험에 대해 다음과 같은 평가를 했다.

이 실험은 적어도 두 개의 서로 다른 자아가 우리 안에 존재한다는 것을 폭로한다. 바로 경험하는 자아와 이야기하는 자아이다. (중략) 경험하는 자아는 아무것도 기억하지 못한다. 기억을 끄집어내고 이야기를 하고 중요한 결정을 내리는 것은 모두 우리 안에 있는 매우 다른 실체인 '이야기하는 자아'의 독단이다.

이런 현상은 이성을 담당하는 대뇌 신피질과 감정을 담당하는 편도체가 따로 분리돼 있기 때문에 벌어진다. 다시 본론으로 돌아와서, 회사 직원에 대해 이야기해보자. 아마도 편도체는 직원에게 '금품을 편취하라. 그럼 기분이 좋아질 것이다'라고 말했을 것이다. 그 뒤에 금품을 편취한 사실이 걸리자, 대뇌 신피질은 그럴듯하게 구실을 대기 위해 '급여가 너무 적고, 대우가 좋지 않기 때문이었다'라고 말했을 것이다.

이처럼 편도체는 우리가 자신만을 위해 이기적으로 행동하도록 지시하고, 대뇌 신피질은 그런 행동에 대한 핑곗거리를 찾는다. 위 예시는 직원이나 CEO가 자신의 편도체에 따라 자신에게 유리한 행동을 할 확률이 높다는 것을 알려준다. 성과를 낼 수 없다면 성과를 내는 척할 수 있는 것이다.

조직의 성장보다 내 성과 어필이 더 중요해

직원 3,000여 명에 이르는 회사가 있다고 가정하자. 여기에는 A, B 등 여러 노동조합이 있다. 이중 가장 큰 단체인 A와 B가 서로 사이가 좋지 않다. 처음에 A, B는 하나의 노동조합이었다. 그러나 인사팀의 교묘한 전술로 A와 B가 서로 분리된 것이다. 인사팀은 본사 정규직 전환을 조건으로 채용시험을 보거나, 자회사 정규직 전환을 조건으로 채용시험을 면제받는 것 중 하나를 선택하라고 제안했다.

하나의 집단 안에 수많은 사람이 서로 다른 의견을 갖고 있었다. 그래서 일부는 본사 정규직 전환과 채용시험을 보는 것을 조건으로, 일부는 자회사 정규직 전환을 조건으로 합의하겠다고 했다. 결국 하나의 집단이 분리되고 두 개의 집단이 된 것이다. 자, 이제 인사팀은 사장에게 가서 할 말이 생겼다. 자신들이 강력한 하나의 노동조합을 두 개로 분리시켰다고 말이다. 그것이 조직에 도움이 됐건, 악재가 됐건 말이다.

사실 인사팀은 자신들의 존재 가치를 끊임없이 조직에 알려야 하는 입장이다. 그렇지 않으면 이들이 성과를 내는지 여부를 조직이 알 길이 없기 때문이다. 결국 인사팀은 편도체가 지시하는 바에 따라 크나큰 사건들을 뻥뻥 터트리려는 시도를 한다. 특히 사장이 원하는 것만 시도하려 한다. 물론 그것이 조직에 도움이 되는지 안 되는지는 검토하지 않는다. 사장이 노노 간 갈등을 원한다면 그것을 일으킬 것이다. 물론 노노 간 갈등이 조직 성과에 미치는 영향은 살펴보지 않는다.

만일 인사팀에 노노 간 갈등을 일으킨 이유를 묻는다면, 그제야 인사팀 구성원들의 대뇌 신피질이 그러한 갈등을 일으킨 당위성을 찾기 시작한다. 그러고는 노조를 악화시켰기 때문에 앞으로 조직 성과가 좋아질 거라고 둘러댄다.

결국 노노 간 갈등이 조장된 이후, 조직 성과는 낮아졌다. 그러나 그 이유는 정확히 알지 못한다. 아무도 원인을 살피는 일에는 관심이 없기 때문이다. 만일 인사팀이 조직 성과가 낮아진 이유를 찾는다면 반드시 노노 간 갈등 때문이 아닌 다른 외부 환경에서 찾으려 할 것이다. 스스로 잘못했다는 증거를 찾기 위해 노력하는 사람은 아무도 없기 때문이다.

문제의 원인을
찾을 수 없는 조직

⸻

무정부 상태에 빠지기 쉬운 조직

회사는 문제를 일으킨 직원을 어떻게 생각할까? 정답은 '별 생각이 없다'이다. 조직은 그다지 체계적이지 않다. 무질서한 상태에 가깝다고 봐야 한다. 겉으로는 체계적으로 보일 수도 있다. 고딕 시대 건축물처럼 하늘을 찌를 듯이 높은 빌딩 속에 수많은 직원이 일하는 삼성, 현대 같은 대기업을 생각하면 빈틈없이 탄탄한 조직일 거라고들 생각한다. 세계적인 기업, 그 누구도 범접할 수 없을 것만 같은 선도적인 기술력과 대한민국 최고 엘리트 직원들, 품격이 넘치는 CEO⋯⋯. 대부분의 사람이 꿈꾸는 선망의 대상이다.

그러나 실상을 보면 이런 기업들은 대개 복잡성(Complexity) 때문에 방만한 경영을 하고 있다. 삼성전자의 직원은 10만 명이 넘는다. 회사는 개인과 개인이 상호작용하는 조직이다. 10만 명이 상호작용한다면, 얼마나 복잡성이 심각할지 짐작할 수 있다. 이런 상황에서 실질적 수장인 이재용 부회장은 자신의 조직에서 어떤 문제가 발생하고 있는지, 어떤 제품을 개발하고 있는지를 정확히 알 수 없을 것이다.

안팎으로 방대한 복잡성은 삼성전자를 수없이 위기로 내몬다. 2016년 삼성전자는 갤럭시 노트7을 전 세계 출시했지만 배터리 폭발 문제 때문에 공급을 중단해야 했다. 그로 인해 엄청난 비용이 손실되었지만, 회사 이미지를 구하는 현명한 결정이었다. 그러나 그 뒤에도 삼성전자는 계속해서 수많은 위기를 겪고 있다. 2019년에는 일본 정부가 반도체 생산에 필수적인 소재를 우리나라에 수출하지 않겠다고 나서서 어려움을 겪었다. 최근에는 이재용 부회장이 국정농단 사태로 구속되기까지 했다. 이처럼 삼성전자는 수시로 위기를 맞이하고 극복하고 있다.

여기서 내가 삼성전자를 찬양하겠다는 것은 아니다. 규모가 큰 조직이 마주칠 수밖에 없는 문제를 설명하려고 하는 것이다. 삼성전자는 앞으로도 예상치 못한 위기를 숱하게 겪을 것이다. 그리고 그때마다 직원들은 비상 경영 체제에 돌입할 것이다. 외부 환경 자극이 내부에까지 영향을 주는 것이다. 거스를 수 없는 외부 환경 변화는 복잡한 조직에 치명적인 타격을 안겨준다. 그렇기 때문에 조직은 복잡한 내부 환경과 외부 환경에 대응하기 위한 부서를 둘 수밖에 없다. 그렇게 해서 외부를 관찰하는 첨병과 같은 부서 그리고 내부를 감시하고 문제를 해결하는 스태프 역할을 하는 부서가 만들어진다.

해결 수단이 도리어 복잡성을 더 가중시킨다

첨병 역할이나 스태프 역할을 하는 부서를 경영학에서는 조정부서라고 이야기하곤 한다. 이 부서들은 너무 방대해져서 굼벵이 같아진 조직이 제대로 된 방향으로 갈 수 있도록 돕는 역할을 한다. 그런데 조정부서의 증가는 복잡한 조직의 부작용을 막기도 하지만, 반대로 조직에 부작용을 가중시키기도 한다. 즉 부서와 부서 간 이질성을 가져오는 것이다. 이질성이란 간단히 말하면 부서 간에 서로 수행하는 역할이 달라지는 것을 의미한다.

이러한 이질성이 커지면 같은 삼성전자 직원이라 하더라도 완전히 다른 특질을 갖게 된다. 즉 같은 회사 직원이지만 전혀 다른 목표나 가치관을 가질 수 있다. 회사 부서 간 목표와 가치관이 달라지면 그야말로 오합지졸의 복합체로 변질된다. 예를 들어, 제품 1팀과 2팀이 서로 협력이 아닌 경쟁 관계가 될 수도 있는 것이다. 이런 경우에는 회사 이윤 달성이 아니라 자기 부서의 성공과 안위가 목표가 될 수 있다. 부서 이기주의가 팽배해지는 것이다.

회사는 이러한 문제를 해결하기 위해 직원들을 기존과 다른 팀으로 보내기도 한다. 이렇게 직원들을 여러 팀에 돌아가며 일하도록 하는 것을 '직무 순환'이라고 한다. 직무 순환은 방만한 조직의 이질성을 막고, 직원들이 근무 태만에 빠지지 않도록 만들어주는 역할을 한다. 그러나 한 가지 문제점이 있는데, 바로 이질성의 극복은 복잡성의 증가로 연결된다는 것이다.

직무 순환은 하나의 제도다. 제도를 추가한다는 것은 회사를 더 복잡하게 만들고 조직 정치를 발생시키기도 한다. 누군가 직무 순환을 자신의 라인을 공고히 하기 위한 도구로 이용할 수도 있다. 직무 순환이 단순히 누군가의 사적 권한을 안착시키기 위한 수단이 되어버리는 것이다.

문제의 원인을 알 수 없다

이처럼 복잡성은 조직 정치를 만연하게 만든다. 이러한 조직 정치는 이사에서부터 말단사원에 이르기까지 알게 모르게 널리 전파된다. 이러한 전파는 뒷담화를 통하는 경우가 많다. 회사에는 회식 문화가 존재한다. 회식 문화가 있는 이유는 직원 간 소통과 협업을 촉진하기 위해서다. 그런데 부서 단위에서의 회식의 목적이 조직 정치를 위한 것으로 전락하는 경우가 많다.

단합은 부서나 팀의 성과 달성에 도움이 된다. 팀원 간 협력하게 되기도 하고, 일도 더 열심히 하게 되기도 한다. 이런 상황을 '집단 응집성이 증가했다'고 표현한다. 문제는 집단 응집성이 강화되면 집단 내 구성원들이 서로 무비판적으로 생각하고 행동한다는 데 있다.

집단 응집성이 강화된 집단에서는 리더가 안건을 내면 그대로 통과된다. 팀원들은 검토도 하지 않고, 만장일치로 통과됐다면서 자신들의 단합력을 자랑스럽게 생각한다. 상황을 객관적으로 살펴보지도 않고 그저 '잘하고 있어!'라고 착각하는 셈이다. 그러나 비판적 검토 없이 이루어진 안건 선택은 난파선에 탄 채로 망망대해를 표류하는 결과를 가져올 뿐이다.

조직 정치, 이질성, 복잡성 등의 증가는 방만한 조직에 엄청난 비용을 야기시킨다. 사장은 원인도 모른 채 나날이 악화되는 재무제표를 마주하게 된다. 사장이 직면한 문제는 문제의 원인을 알 수 없다는 것이다. 만약 사장이 문제의 원인을 알고 있다고 믿고서 해결에 나선다면, 회사는 오히려 더 큰 혼란에 빠질 수 있다.

처음에는 사장은 제품 불량의 문제를 찾기 시작한다. 제품 불량을 알아내기 위해서 다양한 기관에 의뢰하기 시작한다. 제품의 코너가 눌리는 현상이 발생했는지, 절연테이프는 제대로 부착돼 있는지 등등을 알아본다. 그러나 아무리 해도 원인이 쉽게 파악되지 않는다. 어쩌면 지나친 원가 절감이 제품의 질 하락으로 이어져서 불량을 발생시킨 것이 아닌가 막연하게 추측한다. 하지만 그런 식으로는 피상적인 원인을 알 수 있을지 몰라도 근본 원인은 정확히 파악할 수 없을 것이다. 매우 복잡한 회사에서 발생한 문제의 원인을 제대로 규명하기란 사실 불가능한 일일 수도 있다. 아마도 문제의 원인은 신만이 알 것이다.

복잡한 팩트 체크 대신 손쉬운 방법을 택한다

이처럼 복잡성이 극대화된 조직에서 사장 혹은 부장이나 인사과장들은 손쉬운 선택을 하게 된다. 너무 많은 문제가 축적돼 있다 보니 이를 해결하기 위해 그들은 당장 직면한 일거리부터 처리하기에 이른다.

만일 당신이 인사과를 책임지는 인사부장이라고 가정해보자. 그런데 누군가가 사내 불륜을 저질렀다는 신고가 들어왔다. 당신은 피곤한 듯 양미간을 찌푸린다. 할 일도 많은데 또 해결해야 할 과제가 늘어났기 때문이다. 인사 규정에 '사건이 발생한 후 한 달 내로 조사하여야 한다'고 돼 있기 때문에 그에 따라 한 달간 사실관계를 조사해야 한다.

사실로 드러난 경우에는 징계하도록 돼 있는데 통보는 7일 전에 해야 한다. 그리고 7일 뒤, 징계 위원회를 개최해야 하는데 이 경우 인사 위원회의 위원은 대개 외부 위원 1명, 인사부장, 관련 팀 이사, 노동조합 위원 3인 총 6인으로 구성된다. 만일 징계 절차에서 약간의 실수라도 하면 해고가 부당해질 수도 있다. 부당해고가 되면 회사에 발생되는 손해가 못해도 3,000만 원 이상이라고 생각하면 된다. 그뿐만 아니라 당신의 인사고과는 최악이 될지도 모른다. 어쩌면 당신이 회사에서 해고되는 전철을 밟게 될 수도 있다.

이런 상황이기 때문에 당신은 불륜 커플을 절차대로 면밀하게 조사하고 해고 수순을 밟기보다 당사자들이 알아서 나가도록 유도할 가능성이 높다. 그렇게 하면 조직 내 풍기문란을 저지른 자를 내보낼 수 있고, 부당해고가 될 수 있는 위험 또한 피할 수 있기 때문이다. 이때 팩트는 중요하지 않다. 당신은 오로지 보신주의 문화에 따라서 곤란한 상황에 처하지 않으려 할 뿐이다.

직원을 문제없이 해고하는 능력. 그것이 바로 인사부장에게 필요한 덕목 중 하나이다. 그러나 문제가 발생한 경우 팩트를 제대로 조사하지 않는 것이 잘못된 것일까? 당신이 사장이라면 바쁜 일상을 쪼개서 직원의 잘못을 판단하는 데 많은 시간을 쏟을 수 있을까? 아니면 피상적으로 드러난 일부 정보에 의존해서 해고할까?

회사에선 작은 사실조차도 복잡성을 기하급수적으로 증가시킨다. 회사는 가급적 복잡성을 줄이는 방향으로 움직인다. 그렇기에 뭔가 잘못된 일이 발생했을 때 정확한 팩트 확인을 거치지 않고 바로 징계하는 편을 택하기도 한다. 그러는 것이 훨씬 경제적이기 때문이다.

도의적으로 문제가 있는 게 아니냐고 반문할 수도 있다. 어쩌면 오늘날 많은 조직에서는 도의나 신의 같은 중요한 덕목을 더 이상 기대할 수 없지 않을까 하는 생각이 들기도 한다. 그러나 만일 당신이 사실관계가 제대로 파악되지 않아서 피해를 입는다면 어떨까?

4장

적과의
동침

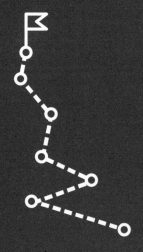

회사와 직원은
서로 배신을 거듭한다

심리적 계약이 깨지다

데이비드 버스(David M. Buss)의 저서 《진화심리학》에는 특이한 실험이 소개돼 있다. 하미트 피섹(M. Hamit Fisek) 교수와 리처드 오프쉐(Richard Ofshe) 교수가 진행한 실험으로, 이들은 처음 보는 사람들을 세 명씩 59개 조로 나뉘어서 토론을 진행하도록 했다. 놀랍게도 그룹의 절반에서 1분 내로, 나머지 그룹은 5분 후에 지위가 생겼다. 마치 사람들은 지위를 받아들이는 것을 당연시하는 것 같았다.

지위를 형성하려는 습성은 침팬지, 오랑우탄, 비비, 마카크(원숭이), 코끼리 같은 무리생활을 하는 모든 동물들에게서 나타난다. 지위를 형성하는 것은 무리를 형성하기 위해 당연시되는 본능적인 기제인 셈이다.

구직자가 구인자가 제시한 근로계약서에 서명한다는 것은 일종의 무리 안에 합류하는 것을 조건으로 낮은 지위로부터 오는 모욕과 불편을 감수하겠다는 의미다. 문제는 지위에 공식적 권력 혹은 합법적 권력이 더해지는 순간 모욕과 불편의 강도도 증가한다는 데 있다.

근로계약서는 사실상 사장에게 공식적인 권력을 쥐어주는 것과 같다. 그렇기 때문에 신입사원은 상사의 부당한 지시와 명령을 맹목적으로 따르게 되는 것이다. 커피 심부름을 하는 경우도 있으며, 노래방에서는 춤꾼이 되기도 하고, 사무실에서는 비위를 맞추기 위해 고개를 깊숙이 숙여야 한다. 학창시절에 선배들로부터 빵셔틀을 해봤던 경험을, 근로계약서에 서명했다는 이유로 다시 한 번 경험해야 하는 것과 같다.

그러나 모욕을 기꺼이 감수하겠다는 직원들의 전략은 처음과 달리 서서히 변질된다. 대개의 직원들은 불편과 모욕에 동반되는 대가가 정당하지 않다고 느낄 것이다. 그 순간부터 직원들은 불만을 적금처럼 쌓아둔다. 오랜 시간 동안 모아둔 멸시, 모욕은 서서히 수면 위로 드러난다.

직원은 과거에 얻은 교훈을 토대로 조직을 배신할 준비를 한다. 시키는 일에 비해 넉넉지 못한 임금, 언제 해고될지 모르는 위협, 상사의 괴롭힘, 불공정한 보상, 역학에서 오는 모욕 등은 조직의 미래 청사진엔 직원은 없다는 확신을 준다. '미래에 조직엔 내 자리가 없을 것이다' '조직은 부품처럼 나를 쓰다 버릴 것이다' 하는 생각에 빠진 직원들은 이제 조직을 믿지 못한다. 초기에 직원들이 모욕을 감수하면서 근로계약서에 기꺼이 서명한 이유는 조직이 보여준 미래 때문이었다.

그러나 1~2년 흐르면서 직원들은 대개 조직에 자신의 자리가 없어질 거란 사실을 깨닫는다. 물론 성장하는 조직은 다르겠지만, 대다수의 조직은 점점 그 크기를 줄여나가기 때문에 직원들에게 돌아갈 파이 또한 점점 줄어들게 된다.

이제 직원들은 더 이상 조직을 믿지 않게 된다. 미래 보장에 대한 약속을 저버린 조직에 배신감을 느낀다. 직원들은 조직에 충성하지도 헌신하지도 않게 된다. 직원들은 오로지 자신의 이기적인 욕구 충족을 달성하기 위해 조직을 이용하기 시작한다. 이러한 직원들의 조직에 대한 믿음이 변했다는 것을 '심리적 계약이 깨졌다'고 표현한다. 그리고 성실히 일하고, 모욕도 기꺼이 감수하려던 그들은 이제 일한 척 모양새만 갖추고, 성과는 적당히 내자는 입장으로 변한다. 조직의 입장에선 직원들이 배신을 시작한 것이다. 직원들이 배신을 하는 대표적인 방법을 세 가지로 추려볼 수 있다.

첫 번째 방법, 부업

직원이 조직을 배신하는 방법 중 하나로 부업을 하는 경우가 있다. 직원들이 조직에서 배운 기술 대부분은 조직에는 유용해도 조직 바깥에선 유용하지 않은 경우가 많다. 특히 행정직들의 경우 조직에 최적화된 인재들일 뿐이다. 이들은 조직 구조가 변경될 때 가장 위험한 해고 대상 1순위에 해당될 것이다. 당연히 직원이 살아남기 위해서 회사에서 일을 열심히 하는 것보다 회사 바깥의 일에 집중하는 편이 유리하다.

특히 월급으로는 경제 생활이 어렵다는 것은 이미 주지의 사실로 드러났다. 한국경제연구원에 따르면 2018년도 평균 연봉은 3,634만 원으로, 월급으로 치면 300만 원 정도다. 실수령액은 270만 원 정도 될 것이다. 만일 평균 연봉에 따라 10년 동안 근무한다고 치면 약 2억 7,000만 원 정도 버는 것으로 볼 수 있다.

연합뉴스 박상돈 기자에 따르면 대기업의 평균 근속이 10년이라고 한다. 그렇다면 30세에 취업하면 40세에 퇴사해야 한다. 기대수명이 82.7세라고 할 때 약 42.7년을 2억 7,000만 원으로 버텨야 하는 셈이다. 그럼 1년에 약 675만 원 정도밖에 쓸 수 없으니, 차는 물론이고 집도 살 수 없다. 675만 원의 연 생활비를 월로 나누면 56만 원이니 아마 밥값과 교통비 외에는 아무 데에도 쓸 수 없다. 이 또한 순수하게 2억 7,000만 원을 모아뒀을 때나 가능한 일이다. 임금으로 경제 생활을 하고 노후까지 대비하려는 사람이 있다면, 지금부터 매끼를 500원짜리 라면으로 때워야 할 것이다.

이러한 사실은 직원이 월급으로는 노후를 대비할 수 없는 불행한 미래를 알려준다. 그렇기 때문에 부업을 해야 하는 이유가 너무 명명백백하다. 참고로 유명 유튜브 채널 '신사임당'에 출연한 유튜버 글렌은 월급 근로자로서 부업으로 쇼피셀러를 하고 있는데, 회사 월급은 300만 원이고 부업 수입이 월 700만 원 정도 된다. 만약 내가 글렌이고, 회사에서 최우선적으로 처리해야 할 일과 쇼피셀러로서 최우선적으로 처리해야 할 일이 겹친다면 회사 일보다 쇼피 셀러의 일을 우선시 할 것이다.

두 번째 방법, 배임

조직을 믿을 수 없게 된 직원이 선택하는 두 번째 방법은 바로 배임이다. 정부 관계사인 ○○사 직원이 2018년에 비트코인 관련하여 정부가 대책을 발표하기 직전에 비트코인을 매도하여 차익 실현을 본 사태가 있었다. 그 당시 비트코인은 1코인당 무려 2,000달러였으나, 정부 발표 이후로 급격히 하락하여 1코인당 1,500달러까지 떨어졌다. 대책 발표 이전과 이후 비트코인 시총이 총 30퍼센트나 증발해버린 것이다. 물론 ○○사 직원은 비트코인이 어디까지 하락할지 예측하진 못했을 것이다.

그러나 핵심은 정부가 비트코인 규제 정책을 발표한다는 데 있었다. 이 사실은 비트코인에 투자하는 개개인들에게 파장을 미칠 중요한 정보였다. 그리고 이러한 정보를 이용하여 차익 실현을 봤다는 것은 윤리적으로 배척받아야 마땅한 일이다. 그런데 과연 이러한 일을 그 회사 직원 한 명만 저지르는 걸까?

직원의 속마음을 100퍼센트 알 길은 없지만, 그는 회사에 대해 어떤 배신감을 가졌을 가능성이 높다. 게다가 그는 회사에 소속된 직원이 아니라 용역 형태로 근로를 제공하고 있었다. 그는 고용에 대한 불안감, 정직원과의 차별, 능력에 비해 부족한 보상, 역학에서 오는 모멸 등을 느꼈을 가능성이 높다.

이러한 불공정성에 대한 지각은 산출물을 왜곡하려는 형태로 발전한다. 어떻게든 자신이 느낀 불공정함을 해결하는 행동을 하게 된다는 의미다. 그것이 부도덕한 일이라 할지라도 말이다. 그리고 ○○사 직원은 사태가 너무 컸기 때문에 걸렸지만, 불공정함을 느낀 수많은 직원들은 회사 몰래 어떤 짓을 하고 있을지도 모르는 일이다.

세 번째 방법, 대체

크리스티나 워드케(Christina Wodtke)는 《구글이 목표를 달성하는 방식 OKR》에서 하나의 스타트업이 구글의 목표 달성 방법인

OKR을 적용해서 성공하는 과정을 소설처럼 그려내고 있다. 스타트업을 창업한 사람은 가상의 인물 잭과 해나인데, 이 둘의 대화 내용을 소개하자면 다음과 같다.

"얘기 좀 해야겠어."

"지금? 입력해야 할 주문들이 많은데."

"에릭이 고의적으로 우리 일을 방해하고 있는 것 같아."

"에릭이?"

해나는 회의실을 바라봤다.

"여기 없어."

"말도 안 돼. 왜?"

"에릭이 세릴에게 하는 말을 우연히 들었는데, 해고되지 않으려고 일부러 코드를 복잡하게 만들고 있대."

둘의 대화에서 유추할 수 있는 것은 잭과 해나가 공동 설립한 스타트업에서 에릭이라는 프로그래머를 뽑았는데, 에릭이 일부러 해고당하지 않기 위해서 프로그램을 자신만 알아볼 수 있도록 복잡하게 설계하고 있다는 것이다. 이 이야기는 가상이지만, 실제로 실리콘밸리는 물론 우리나라에 스타트업 상당수가 이런 문제를 앓고 있다. 내가 알고 있는 한 스타트업도 이런 문제로 다른 프로그래머와 대화를 나눈 바 있는데, 그때 프로그래머가한 말이 있다.

"한마디로 대표가 지금 호구 당하고 있는 거네요."

직원이 유능해서 대체할 수 없는 경우라면 불행 중 다행이라고 할 수 있다. 그러나 일부러 조직을 복잡하게 만들어서 대체할 수 없도록 만드는 것은 최악의 상황이다. 이 이야기는 스타트업의 프로그래머에 한정되지 않는다. 사무직, 행정직, 기술직, 공무직 등을 망라하고 자신이 하는 업무를 복잡하고 어렵게 설계한다면 그는 회사 이익엔 반하는 대체불가능한 인적자산이 된다. 조직엔 도움이 되지 않는 짓을 하고 있지만, 아이러니하게 그를 해고할 수 없게 된 상황이 돼버린 것이다.

그런데 진짜 배신자는 누굴까?

과연 조직은 자신은 순백색 도화지마냥 깨끗할까? 조직 또한 마찬가지로 직원들을 배신한다. 조직의 피라미드 꼭지점에 위치한 CEO들은 대개 사단이 날 만한 문제에 대해서 무관심하다. 그들은 직책을 순차적으로 배열한 뒤, 문제가 터질 때까지 방치한다. 그러다가 배임, 횡령, 대체, 부업 등으로 인한 조직의 손실을 무조건 직원 탓으로 돌린다. 아마도 대부분 조직의 수장은 부당한 행동을 기억하지 못하는 경우가 많다. 직원들을 대량해고 한 뒤 불안에 떨게 했던 것, 조직이 어렵다는 이유로 직원들 임금을 삭감하는 것, 연차나 육아휴직 등을 자유롭게 못 쓰게 하는 것, 사적인 업무를 지시하는 것 등 수많은 모멸감을 주었을지도 모른다.

결국 조직도 직원도 영원한 나선처럼 배신의 악순환을 반복하게 되는 것이다. 데일 카네기(Dale Carnegie)는 《인간관계론》에서 인간 본성은 아무리 나쁜 짓을 저지르더라도 남을 탓하지, 자신을 탓하지 않는다고 말한다. 조직 또한 꼭대기에 위치한 자들은 결국 인간이라는 점에서 잘못을 저지른 직원을 탓할 것이다. 물론 직원도 마찬가지다. 조직이 자신에게 해준 것이 없다면서 조직을 탓할 것이다. 결국 서로를 탓할 가능성이 높다. 역사상 가장 위험한 범죄자로 손꼽히는 프란시스 크롤리(Francis Crowley)는 전기충격 사형을 당할 때 이렇게 말했다.

"이것이 나 자신을 지킨 대가다."

멈추어 생각해보기

당신이 사장이라면, 아래 질문을 깊이 생각하고 답해보자.
1. 직원들에게 모멸감을 주는 언행을 하고 있지 않은가?
2. 직원들이 법에 따른 연차, 휴가를 자유롭게 사용하도록 하고 있는가?
3. 해고를 너무 손쉽게 하고 있지 않은가?
4. 일에 비해서 적은 월급을 주고 있지 않은가?

당신이 직원이라면, 아래 질문을 깊이 생각하고 답해보자.
1. 조직의 어려운 상황을 통감하고 있는가?
2. 남 탓을 하지 않고 묵묵히 자신의 일을 할 용기가 있는가?

회사와 직원은
권력 다툼에 망해간다

절대반지를 가진 자들

이번 장에서는 어떤 절대 권력을 지닌 통치자를 묘사하고자 한다. 누구인지 한번 상상해보자. 매사에 유머러스했으며, 타인을 배려했다. 자신보다 지위가 낮다고 함부로 대하지도 않았으며, 자신과 의견이 다르다고 해서 배척하기보단 오히려 자기 발전의 계기로 삼았다. 그는 권력을 지니고 있었지만 노래 부르는 것을 좋아했고, 소탈했다. 사람들은 누구나 그와 친해지고 싶어했고, 매력적이라고 생각했다.

어떤 사람을 상상했는가? 난 절대 권력자 세 사람을 묘사할 생각으로 위 글을 작성했다. 그들은 진시황, 스탈린, 김정은이다. 진시황은 몸소 초나라 공략에 나섰다가 실패한 뒤 자신의 잘못을 깨닫고 모든 권한을 왕전에게 위임했다. 이 외에도 이사의 진언을 받아들여 축객령을 폐지한다든지, 모초의 진언을 받아들여 궁궐 밖으로 쫓아냈던 그의 어머니 태우를 다시 불러들인다든지 등 천하를 통일하기 전까지만 하더라도 신하의 간언을 겸허하게 받아들이고, 자신의 잘못을 과감하게 바로잡는 자세를 가지고 있었다.[11]

스탈린은 권력을 손에 넣기 전까지 사랑에 울고 웃는 자였다. 그는 매력적이었고 유머 감각을 지녔다. 카토(스탈린의 첫 사랑)에게 잘 보이려 아름다운 목소리로 노래를 불렀고 시도 읊었다. 바보 연기로 주변을 웃기기도 했다. 스탈린은 아내가 숨을 거두자, 아내의 눈을 감겨준 뒤 끌어안고 오열하다 실신까지 했다.[12]

김정은은 2000년 말까지 베른의 공립중학교에서 유학생활을 했다. 그는 별도의 보디가드도 없었고, 혼자서 통학했다. 그와 친하게 지낸 친구, 조아 미카엘의 말을 빌리면 혼자서 자전거를 타고 온 적이 많았다고 한다. 미카엘은 김정은과 친해서 숙제를 같이하거나 미국 프로농구 경기에 보기 위해 함께 파리를 간 적도 있었다.[13]

이제 그들이 통치자가 된 뒤의 이야기를 해보자. 진시황은 자신의 옆에서 중요한 술사 역할을 하던 노생과 후생이 자신을 비판하는 말을 남기고 도망가자 함양 내 모든 유생에 대한 검열을 실시하고, 그 과정에서 460명을 찾아내 모두 생매장시켰다.

스탈린의 경우, 그의 가장 친한 친구였던 세르게이 키로프가 1934년 니콜라예프라는 청년에게 암살당한다. 《인간 본성의 법칙》의 저자 로버트 그린에 따르면, 세르게이 키로프가 스탈린에 버금갈 정도의 권력을 지니고 있었기 때문에 스탈린이 사실상 세르게이에 대한 암살을 방조한 것이 아닌가 의심된다고 한다. 스탈린은 세르게이 사건을 계기로 대규모 숙청을 감행한다. 당시 스탈린의 최고위급 부관들은 거의 모두가 고문당하며 자백을 강요받았다.

김정은은 북한 최고 권좌에 오르자 이인자이자, 최측근이자 후견인 역할을 했던 장성택을 숙청하며 공포 정치의 장을 열었다. 이 책은 진시황, 스탈린, 김정은에 대해 비난의 의도는 절대 없다. 다만 평범하고 그 누구보다도 인간다웠던 누군가가 반지의 제왕에 등장한 절대반지 같은 힘을 갖자마자 일관되게 냉혹해진 이유에 대해 설명하기 위해 예시로 들었을 뿐이다.

아싸와 인싸, 꼰대 문화의 형성

이렇듯 절대반지를 취한 사람들은 권력을 손에서 놓지 않으려 한다. 권력은 생존 가능성을 높여준다. 즉 권력을 본능적으로 취하려 하는 것이 인간의 심리다. 권력 거리(Power Distance)라는 말이 있는데 이는 상사와 부하 직원간 권력 강도를 느끼는 정도를 의미한다. 예컨대 부하직원이 상사의 명령에 복종하는 정도, 상사에게 불편을 느끼는 정도 등을 의미한다.

네덜란드의 심리학자 헤이르트 호프스테더(Geert Hofstede)의 연구에 따르면 우리나라는 권력 거리가 큰 나라에 속한다. 회사에서 대부분 말단 직원들은 상사의 눈치를 본다. 상사는 부하직원들이 스스럼없이 다가오기보다는 자신의 말을 들어주기를 원하고, 자신의 의견에 동조하기를 원한다. 상사는 자신의 의견에 반기를 드는 부하직원을 아싸(Out-group)로 만들고, 자신을 잘 따르거나 친분을 형성할 만한 직원은 인싸(In-group)로 삼는다.

상사와 부하직원 간에는 점점 권력 거리가 벌어지기 시작한다. 상사는 최대한 많은 권력을 자신에게 집중시키도록 노력하고, 부하직원의 일거수 일투족을 모두 보고 받기를 원한다. 회사가 돌아가는 모든 상황은 자신이 파악할 수 있도록 팀 내 생태계를 구축해나간다.

소위 말하는 꼰대 문화가 팀 내 전파되기 시작하는 것이다. 부하직원들은 퇴근할 때도 상사보다 늦게 퇴근하고, 좋은 아이디어가 있어도 상사가 좋아할 만한 아이디어만 제시할 뿐이다. 꼰대 문화는 부하직원들에게도 반영된다. 부장이 만든 꼰대 문화는 다시 과장, 대리, 사원, 인턴 순으로 수직적으로 연결된다. 그리고 팀에서 집단, 조직으로 퍼져나간다. 어느새 꼰대들이 회사를 지배하게 된 것이다.

그림자 통행세

꼰대들이 가장 중요시하는 것은 권력 유지다. 이들이 항상 하는 말이 있다. 보고, 보고, 그리고 보고이다! 상사가 부하직원에게 보고 받기를 원하는 이유는 그의 권력을 유지하기 위한 기틀을 마련하기 위함이다. 즉 자신의 위치로 올라오기 위해선 그만한 대가를 지불하라는 의미다. 즉 보이지 않는 통행세를 걷기 시작한다. 이를 '그림자 통행세'라고 하자.

'그림자 통행세'는 매우 유용한 효과를 가지고 있다. 먼저 유리벽을 공고하게 해준다. 회사에 라인이라는 것을 만들 수 있는데, 상사는 부하직원의 충성도를 확인할 수 있고, 부하직원은 상사의 라인에 들어섬으로써 승진 가능성을 높일 수 있다. 즉 상사와 부하직원 간 결착도가 생성되는 것이다. 부하직원은 상사에 대한 충성도를 증명하기 위해 영혼까지 끌어모아 그림자 통행세를 낸다. 더 헌신적으로 일하고, 아부도 부리고, 술 상대도 한다. 상사는 부하직원이 자신에게 충분한 그림자 통행세를 내면 파트너로 승격시켜 준다. 파트너 단계에선 부하직원이 승진할 수 있도록 후한 평가를 부여한다.

다만 자리는 하나 밖에 없기 때문에 나머지 직원들에겐 박한 평가를 하게 될 것이다. 결국 어느 정도의 영혼을 끌어모을 능력이 되느냐에 따라 인싸 직원과 아싸 직원이 나뉜다. 그리고 두 집단 사이에는 유리벽이 생긴다. 유리벽은 매우 입체적으로 생겼다. 일을 못한다는 이유로, 술을 못 마신다는 이유로, 능력이 너무 뛰어나다는 이유로, 성격이 나쁘다는 등의 이유로 유리벽이 생긴다. 마치 직장 내 직원들은 유리벽을 만들기 위해 혈안이 된 것처럼 보인다. 어떻게든 차별을 만들어내 누군가를 낭떠러지로 밀어내겠다는 잔인한 심정을 드러내는 것이다.

유리벽이 허물어져야 성장한다

그들이 그토록 유리벽을 만드는 이유는 그 벽 안에서라면 살아남을 수 있다는 희망을 가졌기 때문이다. 어떻게든 유리벽을 새롭게 만들어서 누군가를 몰이 사냥 하고 나면 승진 라인에 오를 수 있다. 유리벽은 권력을 유지할 수 있도록 해주는 원동력이기 때문이다. 더 많은 권력을 확보하기 위해 더 많은 누군가를 희생시켜야 한다. 이것이 바로 피라미드 형태로 구축된 조직의 생리라고 볼 수 있다. 위로 올라가야 하는데 올라갈 자리는 점점 줄어든다. 그렇다면 희생을 삼을 집단을 만들어 내쫓아내야 할 필요가 있다. 유리벽의 유용함은 여기서 드러난다.

결국 직원들은 살아남기 위해서 유리벽을 만든다. 진시황이 축조한 만리장성은 흉노족을 막기 위한 용도라는 것이 역사적 평가다. 그러나 나는 다르게 생각한다. 어쩌면 만리장성은 인간의 거대한 야망을 건축물로 표현한 것에 불과한 것이 아닐까?

모든 회사에는 보이지 않는 차디찬 유리벽이 있다. 유리벽은 수많은 차별을 만들어낸다. 누군가 의도하지 않고서는 결코 저절로 생기지 않는 인위적인 벽이다. 일부 직원들은 살아남기 위해 유리벽을 만들고, 그 유리벽에 또 다른 직원들이 부딪혀 희생당한다. 마치 만리장성을 건축하다 죽은 수백만 명의 백성들처럼 말이다. 그러나 명심해야 할 것이 있다. 비록 우리가 권한을 잃지 않기 위해 유리벽을 만들었지만, 유리벽이 허물어지면 회사는 더 성장할 수 있다는 사실을 말이다.

우리는 이미 차별이 잘못된 허구에서 비롯되었다는 사실을 알고 있다. 더 좋은 혈통을 타고난 사람이 머리가 좋다는 주장이 엉터리 이론에 기초를 두었다는 사실도 알고 있다. 또한 남녀 간에 지능적 차이가 존재하지 않는다는 사실도 익히 알고 있다. 그럼에도 불구하고 우리가 군이 남녀, 재능, 종교, 혈연 등에 차별을 두는 이유는 우리에게 용기가 부족하기 때문이다. 바로 상대방의 진정한 노력, 능력, 성실함을 마주할 용기 말이다.

멈추어 생각해보기

당신은 자신도 모르는 사이에 동료를
학벌이 낮다는 이유로, 뚱뚱하거나 말랐다는 이유로
차별하고 있지 않은가?

노동조합의
탄생

노동조합은 왜 만들어질까?

최후통첩 게임(Ultimatum Game)이라는 것이 있다. 이 게임은 인간이 공정함을 얼마나 중요하게 생각하는지를 알려준다. 게임의 방식은 두 명의 참가자가 등장해 돈을 분배한다. 먼저, 1번 참가자가 돈을 어떻게 분배할지 제안하면 2번 참가자는 이를 받아들이거나 거절할 수 있다. 만일 2번 참가자가 1번 참가자의 제안을 거절하면 1, 2번 두 참가자 모두 돈을 받을 수 없다. 그러나 2번 참가자가 제안을 수용하면 두 참가자 모두에게 돈이 분배된다.

여기서 1번 참가자가 사장이라고 가정해보자. 경영상 이윤으로 10의 돈을 얻었다. 2번 참가자는 직원이다. 사장은 직원에게 일정한 돈을 분배하려고 한다. 그러나 만일 사장이 자신에게 7

할, 직원에게 3할을 분배한다면 어떨까? 직원은 아마도 사장의 제안을 거절할 것이다. 이렇듯 최후통첩 게임에서도 상대방이 불공정한 제안을 하면 2번 참가자는 대부분 제안을 거절한다. 결과는 둘 다 돈을 받지 못하게 되는 것이다.

최후통첩 게임에 따르면 양쪽 다 돈을 분배받지 못하겠지만, 현실에서는 직원이 다른 대안을 선택할 수 있다. 바로 노동조합을 설립하는 것이다. 노동조합을 설립하면 노사 양측의 손실로 이어진다. 분쟁은 결국 비용을 야기하기 때문이다. 그럼에도 불구하고 불공정성을 지각한 직원들은 불만을 해소하기 위해 노동조합을 설립하게 된다.

점점 줄어드는 임금

그렇다면 왜 사장은 직원들에게 돌아갈 이익을 줄여나가는 것일까? 이유는 간단하다. 첫 번째 이유는 조직의 의사결정은 톱다운 방식으로 이루어지기 때문이다. 의사결정을 사장과 같은 중역들이 한다는 의미다. 피라미드에서 가장 밑에 위치한 직원들은 자신의 의사를 피력하기 어렵다. 이렇다 보니 직원들에 대한 급여는 점점 줄어들게 되는 것이다.

두 번째 이유는 사업에서 필요한 것은 자본이라는 점이다. 경제학자 제레미 리프킨은 '갈수록 많은 양의 재화와 서비스를 생성하고 저장하고 공유하는 데 드는 한계비용이 거의 제로에 가까워지고 있는 상황'이라고 말한 바 있다. 이 말의 의미는 조직에서 생산하는 산출물이 점점 저렴해지고 있다는 의미로, 갈수록 수입이 줄어든다는 결론으로 받아들이면 된다. 특히 수입이 줄어들면 사장은 어디선가 비용을 절감해야 하는데 가장 쉽게 절감할 수 있는 비용이 바로 인건비다.

그리고 사회 전반적으로 임금에 대한 평가가 박한 편이다. 이러한 추세는 최저임금을 살펴보면 알 수 있다. 최저임금은 생계비 등을 고려하여 최저임금위원회에서 결정하고 고시한다. 2009년까지만 해도 최저임금의 적용을 받던 직원들의 숫자는 약 850만 명이었다. 2021년에 이르러서는 1,600만 명이 최저임금의 적용을 받는다. 이 말의 의미는 대한민국 국민이 5,000만 명이라고 했을 때, 약 32퍼센트가 최저임금의 적용을 받는다는 것이다.

고연봉을 받던 직원들도 최저임금의 맹렬한 추격을 받고 있다. 2005년 변호사의 평균 연봉은 약 6,900만 원이었다. 2020년에는 약 1억 1,500만 원 정도 되었다. 많이 늘어났다고 생각하는 사람도 있을 것이다. 그러나 2005년 최저임금은 2,840원이고 2020년도 최저임금은 8,590원이었다는 점을 고려한다면 오히려 줄어든 것으로 보는 게 맞다. 최저임금이 3배 정도 늘어나는 동안 변호사의 임금은 고적 1.5배 정도 상승한 것이니까 말이다. 만일 지금 추세대로 최저임금이 늘어난다면 2039년 정도 되면 변호사와 최저임금을 받는 근로자의 임금이 비슷해질 것이고, 2040년에 이르면 변호사 임금보다 최저임금을 받는 근로자가 더 많은 임금을 받게 될 것이다. 2040년이면 고소득 전문직조차 최저임금을 받으며 일해야 할 지경에 이르게 된다.

직원에게 공정한 소득 배분을

이러한 통계는 우리 사회가 점점 직원의 가치를 본연의 가치보다 평가 절하하는 쪽으로 해석하는 우울한 전망을 보여준다. 우리 사회는 레드오션의 바다에서 최악의 희생자로 언제나 직원을 선택한 것으로 보인다. 2039년쯤이면 변호사는 전문적 지식을 요하는 멋진 그 일을 관두고 편의점에서 바코드를 찍는 편이 더 나을 것이다.

통계를 보더라도 예측할 수 있겠지만 직원들에 대한 처우는 점점 악화될 것으로 보인다. 급여와 일자리는 점점 줄어들고 있다. 그런데 최저임금을 받는 인구수는 점점 늘어나고 있다. 반면 회사는 어떨까? KBS 시사 프로그램 〈명견만리〉 제작팀이 출간한《명견만리》중 인구, 경제, 북한, 의료 편에 따르면 한 경제연구소에서 우리나라 2,000대 기업의 성장률을 분석했는데, 이들 기업이 올린 총 매출액은 2000년 815조 원에서 2010년 1,711조원으로 10년 만에 2배 이상 늘어났다고 한다. 아무래도 회사의 사정은 좋아 보인다. 다만 성과를 직원들에게 배분하지 않아서 문제일 뿐이다.

그럼 다시 본론으로 돌아와서, 만일 회사는 돈을 많이 버는데 직원에게 공정한 보상을 주지 않으면 직원은 어떤 반응을 보일까? 바로 불공정성을 지각하게 된다. 불공정성을 느낀 인간의 행동은 최후통첩 게임에서 이미 보여준 바 있다. 직원들은 불공정한 대우를 받으니, 차라리 회사가 망하기를 바랄지도 모른다.

물론 노동조합은 성과에 대한 제대로 된 보상을 요구하는 것을 목적으로 설립된 단체다. 그렇기 때문에 회사가 망하기를 바라지는 않을 것이다. 그러나 회사가 보상을 제대로 주지 않는다면 이들은 더욱 과격한 행동을 할지도 모른다. 회사가 파산하더라도 말이다.

권력을 향유하는
특권층의 탐닉 본능

—————•—————

더 높은 지위를 얻으려는 본능

한 조직의 수장이 된다는 것, 그것은 권력의 달콤한 유혹에 사로잡히는 것과 같다. 그 수장이 회사의 대표가 됐든 노동조합 위원장이 됐든 마찬가지다. 아주 사소한 권력일지라도 사람의 심리를 뒤흔들어놓을 수 있다.

오마이뉴스 기자 출신인 김당 저자는 저서 《공작》에서 미국 CIA의 정보요원이 상대방을 포섭하는 방법을 소개했는데, 이것이 바로 'MICE 원칙'이다. MICE란 돈(Money), 이념(Ideology), 타협(Compromise), 명예(Ege)다. 여기서 돈과 명예는 직접적으로 지위와 관련돼 있다. 그리고 이념과 타협 또한 지위와 관련성이 없지 않다. 상대를 포섭하는 핵심적인 원리는 지위에 있는 것이다.

이처럼 지위가 중요한 이유는 우리가 모두 지위를 탐닉하려는 본능을 타고났기 때문이다.

《진화심리학》의 저자 데이비드 버스는 유전학적으로 인간은 집단을 이루어 진화했고, 생존과 번식을 위해 다른 사람들이 필요했다고 말한다. 이것은 집단 내에서 다른 사람들과 사귀고, 사회적 유대를 맺고, 다른 사람들의 비위를 맞추려는 동기의 진화를 자극했다. 즉 생존과 번식을 위해 자원 축적을 축적하려면 타인의 협력이 필요했던 것이다. 결국 집단이 필연적으로 발생하는데 이는 집단 내 서열, 즉 지위를 탄생시켰다.

전통적인 부족사회에서는 사회적 지위가 몹시 중요한 것으로 여겨진다. 《진화심리학》에 소개된 내용에 따르면, 아프리카 케냐에 사는 키시기스족의 경우에는 땅을 많이 소유한 남자가 아내를 맞이하는 비율이 더 높았고,[14] 남아메리카의 시리오노족의 경우에는 사냥 능력에 따라 지위가 부여되었는데, 능력이 뛰어날수록 부족에서 존경을 받았다.

이처럼 전통적인 수렵 채집 사회에서는 사회적 서열에 따라 자원 배분이 상대적으로 이루어졌다. 과거부터 이집트, 대한민국, 중국, 인도네시아 등 수많은 문화에서는 우두머리가 존재했고, 우두머리는 더 많은 자원을 획득했다. 즉 우리의 몸속에 아로새겨진 유전자는 우리가 지위로부터 파생되는 권력을 빼앗기지 않도록 진화됐다고 봐야 한다.

노동조합 위원장이 얻는 대가

그렇다면 노동조합 위원장이라는 자리는 어떤 의미가 있을까? 그들은 대개 다음과 같은 말을 한다.

"노동조합 임원 해봤자 득 될 거 하나 없다.", "내가 총대 맨 것이다.", "내가 희생하는 거다." 이들은 자신에게 아무런 권력도 없고, 그저 자신이 노동자들을 위해서 활동을 하고 있다고 말한다. 그러나 이들은 생각보다 많은 것을 얻는다. 비록 경제적인 측면의 대가는 아닐 수는 있다하더라도, 지위로부터 파생되는 '권력' 혹은 '존경심'을 얻게 된다.

애덤 스미스(Adam Smith)는 《도덕감정론》에서 이렇게 말했다. "다른 사람들이 주목을 하고, 관심을 쏟고, 공감 어린 표정으로 사근사근하게 맞장구를 치면서 알은체를 해주는 것이 우리가 거기에서 얻을 수 있는 모든 것이다."

노조 임원은 다른 사람들로부터 존경심을 얻을 수 있다. 존경과 명예는 생각보다 교환가치가 높다. 특별한 경우 국회의원이나 시의원, 구의원 등의 정치권에도 들어설 수 있고, 회사 중간 관리자나 회사 대표자로부터 상당히 많은 것을 얻어낼 수 있다. 즉 자원을 배분받기 쉬운 자리에 있다고 볼 수 있다. 그렇기 때문에 위원장들은 자신의 자리를 빼앗기는 것을 지극히 경계한다.

자리 보전을 꾀하게 되면

아마도 대부분 노동조합 위원장들은 처음에는 정말 노동자의 열악한 환경을 개선하는 것을 목표로 두었을지도 모른다. 그러나 시간이 흐름에 따라서 위원장들도 인간인 이상 본성의 지배를 벗어나기 힘들어진다. 노동조합의 애초 목표였던 노동자의 경제 생활 향상이 달성되면, 대개의 위원장들은 자신의 자리를 보전하는 것을 목표로 하게 된다. 즉 사회적 지위를 유지하는 것이 목적이 된 셈이다.

노동조합은 회사와 자원 배분의 관계에 있어서 경쟁 관계이면서 동시에 협력 관계라 할 수 있다. 마치 남한과 북한의 관계와 비슷해 보이지 않은가? 남한과 북한은 경쟁 관계이면서 동시에 협력 관계를 갖고 있다. 즉 필요할 때마다 갈등과 협력을 반복해왔다. 이처럼 남한과 북한이 갈등과 동시에 협력 관계일 수밖에 없는 이유는 체제가 존속하기 위해서 상대가 필요했기 때문이다.

1987년 대선 직전에 KAL858기 폭발사건이 있었다. 1992년 대선에서는 안기부가 발표한 거물 간첩 이선실과 남한조선노동당 사건 등이 있었다. 위 사건의 공통점은 모두 선거 때 발생했으며, 집권 여당의 승리에 기여했다. 뭔가 의심스럽지 않은가? 앞선 사건은 의심스럽긴 하지만 증거가 명확하진 않았다. 그러나 의심만 있을 뿐 증거가 없었던 앞선 사건과 달리 증거가 명확한 '총풍 사건'이라 불리는 사건이 터진다. 이 사건은 대한민국 국민들을 경악하게 만들었다. 총풍 사건은 1997년 대선에서 한나라당 이회창 후보의 지지율을 높이기 위해 청와대 행정관 등 세 명이 북한 측에 무력 시위를 요구한 사건이었다. 이 사건은 박채서라는 대북 공작원에 의해 밝혀졌다. 박채서는 새정치국민회의의 정동영 의원과 천용택 의원을 만나 총풍 사건에 대한 정보를 제공했다. 그동안 북한 변수로 인한 선거개입 의혹만 있었지 증거는 없었지만 공작원 박채서에 의해 명확해진 셈이다.

그럼 어째서 청와대 행정관은 총풍 사건과 같은 잘못된 일을 저지른 것일까? 이유는 간단하다. 바로 정권이 바뀌면 본인들이 누리던 지위가 위협을 받을 수 있기 때문이다. 남북한, 각 양국의 지도층은 어느 정도 서로가 필요한 '적대적 의존관계'에 있다. 결국 일부 탐욕스러운 정권의 누군가가 자신의 지위를 보전하기 위해 대립적인 남북관계를 이용한 것이다.

이처럼 권력을 향유하고 있는 특권층들은 한번 획득한 지위를 잃지 않기 위해 잘못된 행동을 하곤 한다. 어떤 경우 노동조합 위원장도 자신의 지위를 보전하기 위해서 회사와 갈등을 일부러 조장하는 경우도 있다. 일부 인사관리자들은 노동조합이 유지되는 것을 원한다. 그래야만 자신들의 자리가 계속 유지될 수 있기 때문이다.

물론 모든 노동조합 위원장들이 자신의 사리사욕을 채우기 위해 회사와 갈등을 조장하지는 않는다. 나는 성품이 곧고, 흔들리지 않는 노동조합 위원장들을 많이 만나보았다. 그들은 자신의 지위보다도 회사의 발전을 더욱 신경 썼으며, 조합원들의 지위 향상을 최우선 순위로 여기는 사람들이었다. 그들에겐 하나같은 공통점이 있었다. 그것은 어떤 경우에도 흔들리지 않는 확고한 '이념(Ideology)'이다. 즉 훌륭한 노동조합 위원장이라면 어떤 경우에도 중립을 유지할 수 있는 이념이 있는지 스스로에게 질문을 던질 줄 알아야 한다.

5장

아수라의 길을
걷는 조직

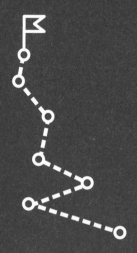

정리해고라는
마법

───●───

노화 세포를 젊은 세포로 바꾸다

모든 다세포 생물은 '텔로미어'라는 입자를 지니고 있는데, 세포분열이 반복되며 텔로미어 길이가 점점 짧아져서 결국 죽게 된다. 이를 우리는 '세포 노화'라 부른다. 아무리 좋은 음식을 먹어도 인간은 결국 노화를 피할 수 없다.

그런데 놀랍게도 세포가 노화하면 다시 아이 상태로 돌아가서 젊어지는 생명체가 있다. 바로 '불사의 생명체'라고도 불리는 작은보호탑해파리다. 이 생물은 이론상 포식자에게 잡아먹히거나 물이 오염되지 않으면 영원히 살 수 있다. 어쩌면 이들 가운데는 인류보다도 더 오래 산 존재가 있을지도 모른다. 이 생물은 세포를 다양한 형태로 변경시킬 수 있다. 근육 세포를 신경 세포나 또 다른 근육 세포로 바꾸기도 하고, 어린 세포로 바꿀 수도 있다. 이 생물에게는 노후된 세포를 젊은 세포로 바꾸는 능력이 있었던 거다.

조직도 오래 유지되려면 작은보호탑해파리와 비슷한 일련의 과정을 거쳐야 한다. 특히 쓰러져가는 회사를 다시 일으켜 세운 CEO들은 작은보호탑해파리와 비슷한 전략을 취한다. 로버트 그린은 《인간 본성의 법칙》에서 디즈니의 전 CEO 마이클 아이스너(Michael Eisner)에 대해 묘사하고 있다. 마이클 아이스너는 몰락해가던 디즈니를 일으켜 세우는 데 성공한 인물이다. 1968년 〈러브 버그(The Love Bug)〉 이후로 히트작을 한 번도 내지 못한 디즈니는 침몰해가는 배와 같았다. 이때 혜성처럼 등장한 마이클 아이스너는 CEO로 부임하자마자 〈알라딘〉, 〈라이언 킹〉 등 15편의 영화로 어머어마한 이익을 거두었다. 그런데 그의 성공 이면에는 약 1,000명의 직원 해고가 있었다.

'경영의 신' 잭 웰치도 비슷한 전략을 펼쳤다. 그는 제너럴 일렉트릭에 부임해 시총 약 120억 달러에 불과했던 회사를 19년 만에 약 4,500억 달러로 37배 정도 성장시켰다. 세기적인 업적을 세운 잭 웰치는 잘하는 일에 집중하자는 전략을 사용했다. 이를 다른 말로 표현하면 못하는 일은 전부 정리하자는 것이 된다. 그렇다. 잭 웰치(Jack Welch)도 아이스너처럼 대규모 정리해고를 통해 기업을 부활시켰다.

이렇듯 경영의 대가와 작은보호탑해파리는 모두 노화된 세포를 신생 세포로 바꾸는 전략을 펼쳤다. 어떤 조직이든 오래될수록 직원들이 점점 무사안일주의, 타성에 빠지게 된다. 직원들은 자기들만의 왕국을 구축하고, 지식이 순환되지 않도록 한다. 핵심 지식은 비밀리에 나누고, 중요하지 않은 지식은 다른 모든 직원들에게 넘긴다. 그들은 결재권을 누군가에게 빼앗기지 않으려 한다. 마치 타이틀 방어권인 것처럼 말이다.

그러다 보면 다른 직원들과 경쟁할 수밖에 없는 관계가 된다. 마이크로소프트가 그러했다. 그들은 성과주의를 내세우며 성과를 통해 조직 성장을 꾀했다. 결과는 직원들 간 협력이 사라지고 경쟁만 남아버렸다. 부서 간 이기주의가 극에 달했다. 이러한 현상은 주로 성과주의가 극에 달한 조직에서 나타나지만, 반드시 성과주의 때문에만 부서 간 이기주의가 발생하는 건 아니다.

수평적 조직에도 문제는 있다

이제 애자일 구조를 취하는 조직을 살펴보자. 애자일 조직 구조는 쉽게 말해서 수평적이다. 팀 구성원이 모두 동등하다고 생각하면 된다. 이들은 팀 단위로 움직이고 유연하다. 빠른 실행과 빠른 실패를 통해 제품 등을 신속하게 개발하는 전략을 취한다. 요즘 스타트업들이 많이 취하는 방식이다. 구글 또한 점조직 형태의 애자일 구조를 취하고 있다.

그런데 애자일 조직 구조의 문제는 CEO가 직원들이 무슨 일을 하고 있는지 알 수 없다는 것이다. 초기에는 분명 성과를 내기는 낼 것이다. 구글에서는 '건전성 지표'를 통해 지금 하는 일이 구글에 도움이 되는지를 확인하고 평가하는 작업을 한다. 따라서 직원이 구글에 해를 입히는 식의 행동을 하진 않는다.

몰입의 위험성

그런데 모든 인간은 몰입의 심화(Escalation of commitment)에 빠질 수 있다. 몰입의 심화는 내가 하는 일이 잘못됐을 때에도 그것을 끝까지 고수하는 경향을 말한다. 특히 사업을 하는 사람들이 이런 경향이 심하다. 그들은 사업이 잘못되고 있음에도 불구하고 계속해서 사업에 돈을 쏟아붓는다. 언젠가 집안을 말아먹고 나서야 잘못됐다는 것을 뒤늦게 깨닫는다.

이러한 이유는 우리가 작은 터널 속에 갇히기 쉬운 특성을 지니고 있기 때문이다. 사람들은 상황을 객관적으로 지각하기보다는 주관적으로 지각한다. 이는 자신이 맞다고 생각하는 것에 확신을 주는 정보만 편취하는 방향으로 발전한다. 이른바 '선택적 지각'이라고 불리는 현상이 우리의 머릿속을 움켜잡는 것이다. 선택적 지각은 우리의 유연한 사고를 저해하고 오로지 한 점을 향해서 달려 나가도록 지시한다. 몰입의 심화에 점화를 시킨 것이다. 그런데 조직은 개인과 개인이 연결된 집단이다. 집단은 소속감이 강해지고 오래될수록 집단 최면에 빠지기 쉽다. 즉 집단적 몰입의 심화가 발현되는 것이다. 이제 몰입의 심화는 폭주하듯이 전력질주한다. 제동 장치는 없다.

몰입의 심화가 집단을 집어삼키기 전에 아마도 현명한 누군가가 조언을 해서 문제를 바로잡을 수도 있을 것이다. 그러나 인간의 사고는 한쪽 방향으로 진행된다는 사실을 우리는 알고 있다. 모든 의사결정에 사사건건 비방을 하는 악마의 대변자(Devil advocate)가 없는 이상, 팀원 전체가 몰입의 심화에 빠지기 쉽다.

몰입의 심화라는 폭주엔진이 가동된 이후로는 멈추기 어려워진다. 누군가 무엇인가 잘못되고 있다는 사실을 인지했다고 하더라도 그 사실을 결코 말할 수 없는 분위기가 조성된다. 그렇게 되면 결국은 조용히 입을 다물고 프로젝트가 끝날 때까지 기다리게 된다. 설령 그 끝이 파멸일지라도 말이다.

도요타 리콜 사태를 통해 이러한 것을 현실에서 확인할 수 있다. 2010년 1월 21일 도요타 자동차는 전 세계에 유통된 자사의 가속페달 결함 차량 230만 대를 리콜했다. 이 당시 오구다 히로시(奧田碩)와 와타나베 가쓰아키(渡邊捷昭) 등의 경영진은 시장을 지배하겠다는 일념으로 무리하게 생산 능력을 확대했는데, 품질이 따라가지 못해서 대규모 리콜 사태가 벌어진 것이었다. 경영진 가운데 누군가는 문제가 벌어질 것을 알고 있었을 것이다. 그러나 아무도 제동을 걸지 못했고, 천문학적 손해를 입게 됐다.

악순환을 깨부수는 정리해고

다시 본론으로 돌아와서, 애자일 조직에서는 이처럼 문제가 발생했음에도 불구하고 그것이 해결되지 않고 도요타 리콜사태에서처럼 걷잡을 수 없이 커질 수 있다는 것이 치명적 약점이다. 애자일 조직은 실패를 전제로 성장하기 때문이다. 애자일 조직은 무분별한 실험으로 온갖 자원을 낭비하고 있을지도 모른다.

대학교 동아리 활동 하듯이 뚜렷한 체계도 없이 화기애애한 분위기 속에 자신들이 무엇을 만들고 있는지조차 모를 것이다. 그저 불나방처럼 어딘가로 달려갈 뿐이다. 마침내 무엇인가를 완성했을 때조차 구글 CEO인 래리 페이지(Larry Page)는 전혀 모르고 있을 것이다. 그것이 구글에 성과를 내는 결과물이 됐건, 아니면 구글에 파멸을 불러올 폭탄이 됐건 말이다. 애자일 조직이란 명목하에 수많은 팀이 개발 파티를 벌이고 있다. 그러나 성과로 연결될지는 미지수다. 결국 극도의 자원 낭비로 조직은 점점 침몰하게 될지도 모른다.

아마도 집단 혹은 조직은 성과라는 환상에 젖은 나머지, 회사를 병들게 하고 있을지도 모른다. 조직은 결국 최후의 수단으로 정리해고를 해야 할 시점이 올지도 모른다. 시원한 성과 파티를 벌이는 직원들이 어느 날 해고통보서를 받게 될 수도 있다. 자신만의 사일로 왕국을 구축한 직원들에게 해고통보서가 날아올 수도 있다. 조직은 어떤 방향으로 가든 승자의 저주(Winner's Curse)에 빠진 것처럼 점점 몰락해간다. 승자의 저주란 '잘하는 것을 잘해서 망하는 것'을 의미한다. 성과주의 조직은 부서별 성과 이기주의가 극심해져서 망한다. 애자일 조직은 제품 개발을 잘하지만 자원 낭비가 극심해지고 복잡해져서 망한다. 결국 승자의 저주에 걸려버린 것이다. 승자의 저주에 빠진 조직이 그 악순환적 연결고리를 깨부수는 방법이 바로 정리해고다.

정리해고는 작은보호탑해파리처럼 노화된 직원들을 신생 직원으로 바꾸는 과정인 것이다. 다시 신생 직원으로 채워진 조직은 집단적 근무 태만도 없어지고, 몰입의 심화에 빠져서 무분별했던 개발 낭비도 없어진다. 다시 건실한 조직이 된다. 마이클 아이스너가 다시 부활시켰던 디즈니처럼, 잭 웰치가 성공 신화를 만들었던 제너럴 일렉트릭처럼 말이다.

악순환에 빠지기 전에

어떤 전략을 취해도 우리는 몰입의 심화에 빠질 수 있다. 우리는 회사에 잘못을 저지르고 있는 건지도 모르는 철부지일 수도 있다. 그러나 우리는 자성적 비판을 함으로써 몰입의 심화로 부터 벗어나는 길을 택할 수도 있다. 모두가 정리해고로 상처를 받기 전에 스스로 무엇을 잘못하고 있는지 확인하는 것이다. 결국 가장 중요한 것은 눈을 똑바로 뜨고 잘못을 인정하는 것 그리고 과오를 바로 잡는 현명함을 갖추는 것이다.

물론 우리는 자아 고양적 편견(Self-serving Bias)에 빠져 스스로의 잘못을 인정하지 않으려 들지도 모른다. 그러나 잘못은 어떤 경우라 하더라도 찾아내려면 찾아낼 수 있다. 1982년 미국의 범죄학자인 제임스 윌슨(James Q Wilson)과 조지 켈링(George L keling)은 깨진 유리창 이론을 발표하면서 사소한 범죄로부터 범죄가 확산된다고 말한다. 회사도 마찬가지다. 우리는 사소한 잘못이 모여서 더 큰 문제로 이어질 수 있다는 것을 인지해야 한다. 우리가 우선 할 일은 사소한 잘못부터 바로 잡아나가는 것이다. 명심하자. 나의 사소한 잘못을 찾아냈을 때 회사는 비로소 성장할 수 있다는 것을 그리고 회사의 성장은 당신의 소중한 동료들을 지켜낼 수 있다는 것을 말이다.

멈추어 생각해보기

당신이 사장이라면,
회사가 성과라는 환상에 너무 젖어 있지 않은지 살펴보자.
당신이 직원이라면, 자신이 내고 있는 성과가 조직에 진심으로
이로운지 깊이 생각해보도록 하자.

덤덤하게 받아든
권고사직서

대형 물류 창고처럼 온갖 잡동사니로 뒤엉킨 사무실에 딸깍거리는 마우스 소리가 퍼졌다. 진영은 말없이 10년은 됐을 법한 구형 모니터를 앞에 두고 구부정한 자세로 앉아 있었다. 그는 지하상가에서 산 반팔 티셔츠를 입고 있었는데 적어도 여름을 서너 번 정도 지나온 듯했다. 목 부분은 늘어나 있었고, 짙은 곤색이었던 색깔은 물이 빠져서 군데군데 옅어져 있었다. 에어컨이 제대로 작동하지 않아 그의 등허리는 축축하게 젖어 있었다. 그는 책상에 놓여 있는 시계를 1분에 한 번씩 쳐다봤다.

'30분 안에 3분기 기획안을 제출해야 되지. 아, 그리고 홍보지도 만들어야 되고, 업체에 전화 돌려야 되고, ○○사에 전화해서 매출전표 끊어야 되고……. 그리고 또 뭐 해야 했더라? 아! 세금

계산서도 끊어야 됐지! 어? 그런데 날짜가 언제더라? 저번 달 세
금계산서를 못 끊었어! 날짜가 이미 지났는데.'

오늘 진영이 해야 할 일은 아홉 가지였다.

기획안 제출, 홍보지 1,000장 만들기, 업체에 홍보 전화 돌리
기, 관리하고 있는 회사에 전화해서 매출전표 끊기, 세금계산서
발급 또는 영수 처리하기, 월말 실적 보고하기, 출장복명서 작성
하기, 주유비 청구하기, ○○전자 구매팀 미팅 계획서 작성하기.

진영은 갑자기 머리가 멍해졌다. 무엇을 우선순위로 둬야 할
지 모르겠다. 그리고 뭘 해야 할지도 모르겠다. 머릿속에 테트리
스처럼 쌓아뒀던 업무 순서가 뒤죽박죽 엉망이 돼갔다. 진영은
유리벽으로 만들어진 팀장실을 힐끗 쳐다봤다. 김 팀장이 자리
에 없다! 갑작스럽게 목덜미에 싸늘한 바람이 느껴졌다. 뒤돌아
보면 안 될 것 같았다.

"박 대리, ○○전자 구매팀 미팅 계획서 작성했어?"

진영은 천천히 뒤돌아보았다. 김 팀장이었다. 진영은 김 팀
장이 악몽처럼 느껴졌다. 머릿속으로 그의 다음 말이 메아리치
는 것 같았다. '단순한 일인데 그걸 왜 안 했어?', '너만 나가면 다
편해져', '내가 너 잘되라고 하는 말이잖아', '너 때문에 내가 죽겠
다', '김 사원이랑 박 사원도 그러더라. 다들 너랑 일하기 싫대.'

진영은 의자를 천천히 돌리고 김 팀장을 올려 보았다.

"표정을 보니 또 안 했나 보네. 너는 대체하는 일이 뭐가 있

니? 할 줄 아는 게 있기는 있어?"

"죄송합니다."

"너랑 일하기 진짜 힘들다."

진영은 이런 말을 하루에도 몇 번이나, 일주일로 치면 몇 십 번이나 들었다. 이젠 시동어처럼 듣기만 해도 심장이 두근거렸다. 단조롭게 반복되는 꾸지람은 진영의 인격을 서서히 마모시켜나갔다.

"죄송하다면 다야? 여기가 학교야? 너 계속 이럴 거면 그냥 나가."

"저를 해고하시는 건가요?"

"해고? 무슨 말이야. 네가 저번 주에 일 못하면 알아서 나간다고 했잖아."

김 팀장은 진영의 나약한 항변에 두 눈을 부릅뜨고 쳐다보았다. 거인처럼 사나워 보이는 김 팀장의 모습에 진영은 나약한 초식동물이 되어 몸을 움츠렸다.

"네 발로 알아서 나간다고 했잖아. 그런데 해고? 기가 차서. 네가 우리 회사에 일으킨 손해가 얼만데. 내가 그거 다 청구해?"

희미한 사무실 전구에 흐릿한 김 팀장의 모습이 공포영화의 한 장면 같았다. 이제 진영은 악마 앞에서 아무것도 할 수 없었다. 으르렁거릴 수도, 고함을 지를 수도, 비명을 지를 수도 없었다. 악마는 아무 일도 아니라는 것처럼 툭하고 서류를 던졌다.

서류에는 '권고사직서'라고 쓰여 있었다.

"잘 생각해봐. 넌 이 일이 적성이 아닌 것 같아."

권고사직서를 받아 든 진영의 표정엔 아무 감정도 찾아볼 수 없었다. 그는 권고사직서 내용을 읽어보지도 않고 자연스럽게 거기에 서명을 했다. 내일부터 회사를 나올 수 없게 된 사람치고 이상할 정도로 덤덤했다. 아니, 이제 그는 더 이상 사람 같지 않아 보였다. 그의 인격은 수년 동안 지속된 가스라이팅에 녹아서 사라져버렸기 때문이다.

가스라이팅,
죽음보다 더한 고통

앞의 이야기는 실제 있었던 일을 내 나름대로 각색한 것이다. 김 팀장이 진영에게 한 행동을 '가스라이팅'이라고 하는데, 이는 미국의 스릴러 영화 〈가스등(Gaslight)〉에서 유래된 말이다. 영화에서 남자 주인공은 계속 여자 주인공을 주눅 들게 만드는 말을 한다. 형편없는 사람으로 만들어 자존감을 산산조각 내는 것이다. 인간을 최면에 빠뜨리는 방법은 바로 자존감을 박살내는 것이다. 자존감이 바닥난 사람에게는 새로운 소프트웨어를 입력하기 쉬워진다. 예를 들어, 권고사직을 저항 없이 받아들이게 하는 것이다.

가스라이팅 앞에선 어떤 철인도 버틸 수 없다. 인간은 다른 사람의 인정을 받고 사는 존재다. 세기의 기업가인 스티브 잡스,

경영의 신 잭 웰치, 스타트업의 신화 일론 머스크도 마찬가지다. 그렇기 때문에 누군가가 상대방을 무시한다는 것은 꽃병처럼 나약한 상대방의 인격을 깨부숴버리는 것과 같다. 그렇기 때문에 자존감에 상처를 내며 무시와 압박을 통해 가스라이팅을 하는 행위는 인격적 살인과 같다. 그럼, 조직 내에서 가스라이팅이 어떻게 이루어지는지 확인해보자.

첫 번째_과잉 정보 입력

가스라이팅의 첫 단계는 과잉 정보 입력이다. 우리는 일상에서 사소한 결정을 해야 할 일들이 지나치게 많아졌다. 그러다 보니 피로가 쌓여서 중요한 결정을 내려야 할 때 쓸 에너지가 남지 않게 되는 것이다. 최근 연구에서 사람들에게 볼펜과 펠트펜 중 어느 것으로 쓸 것인가 같은 별다른 의미가 없는 결정들을 연이어 내리게 했더니, 그 이후의 결정에서는 충동조절능력이 떨어지고, 판단력도 저하되는 것으로 나타났다.[15] 즉 무의미한 일 들을 여러 개 맡기게 되면 쓸데없는 결정을 많이 하게 되어 피로가 급격히 증가한다는 것이다.

앞 사례에서 진영은 '기획안 제출, 홍보지 1,000장 만들기, 업체에 홍보 전화 돌리기, 관리하고 있는 회사에 전화해서 매출전표 끊기, 세금계산서 발급 또는 영수 처리하기, 월말 실적 보고

하기, 출장복명서 작성하기, 주유비 청구하기, 세O전자 구매팀 미팅 계획서 작성' 하기를 전부 하루 만에 해야 했다.

이미 진영은 과부하 상태로 일을 하고 있었다. 아무리 의지가 강한 사람이라고 하더라도 지나치게 많은 정보와 자극을 준다면 어느 순간 탈진 상태에 도달해 의지력과 현실적 판단력이 무너져버리고 만다. 처음에는 강한 반발과 항의를 표현하지만, 나중에는 너무 피곤해져서 판단 능력을 잃고 수동적으로 받아들일 수밖에 없어진다. 이러한 것은 오카다 다카시의 저서 《심리 조작의 비밀》에 나온 방법인데, 중국의 강제수용소에서 실제로 사상 개조를 위해 많이 이용되었다고 한다.

두 번째_자존감 박탈

영화 〈가스등〉에서 남편은 아내를 가스라이팅한다. 그는 아내에게 '물건을 자주 잃어버린다'며 핀잔을 주고 걸핏하면 '이게 다 당신 때문이야'라고 꾸짖는다. 인간은 해야 할 일이 너무 많을 때, 판단력이 저하된다. 그렇기 때문에 자주 실수할 수밖에 없다.

진영은 너무 많은 일의 압박을 받고 있었다. 즉 실수를 하기 쉬운 환경에 있었던 것이다. 그리고 작은 실수가 발생할 때마다 꾸지람을 들으면 처음엔 저항하지만 나중에는 '내가 멍청해서 일을 잘 못하나 보다'라고 자책하게 된다. 이와 같은 자책이 반복되면 '내가 일을 정말 못한다.', '난 한심하다.', '난 못났다.' 등의 생각에 함몰되고 자존감이 바닥을 향해서 추락하게 되는 것이다.

김 팀장은 진영에게 '단순한 일인데 그걸 왜 안 했어?', '너만 나가면 다 편해져.', '내가 너 잘되라고 하는 말이잖아.', '너 때문에 내가 죽겠다.', '김 사원이랑 박 사원도 그러더라. 다들 너랑 일하기 싫대.'와 같은 말들을 수시로 했다. 아마도 진영의 자존감은 너덜너덜해졌을 것이다.

세 번째_고립

가스라이팅을 쉽게 하기 위한 다른 방법은 바로 상대를 '고립' 시키는 것이다. 주위에 지지해주는 사람이 있을 때는 쉽게 가스라이팅을 당하지 않는다.

범죄 심리학과 교수 이수정에 따르면 가스라이팅을 위한 조건으로 '조종 대상의 자존감이 낮을 것', '외부로부터의 차단'을 들고 있다. 고립되고 의지할 대상이 없어지면 가스라이팅을 당하기 쉬워지는 것이다. 사회적 동물인 인간은 심리적 안전지대만 있으면 부당한 괴롭힘이라도 이겨낼 수 있다. 그렇기 때문에 김 팀장은 심리적 안전지대를 붕괴시키기 위해 다른 직원들이 진영을 멀리하도록 만들었다.

김 팀장이 한 이야기 중에 '김 사원이랑 박 사원도 그러더라.

다들 너랑 일하기 싫대'라는 말이 있다. 아마도 김 팀장은 김 사원, 박 사원 등 다른 직원들이 있는 데서 진영을 욕했을 것이다. 김 사원, 박 사원은 상사의 말에 동조할 수밖에 없었을 테고, 자연스럽게 진영을 멀리하게 됐을 것이다. 즉 '고립'이라는 조건이 형성된 셈이다. 여기서 고립은 일종의 터널 속에 상대방을 가두는 행위다. 단순히 한 명의 직원을 다른 직원들과 멀리 떨어뜨려 놓는 것만 해당되지 않는다.

고립은 일을 못하는 직원끼리 가둬두는 방식으로 나타나기도 한다. 즉 왕따들을 한 군데 몰아넣는 것이다. A회사에서는 일을 못하는 직원들을 어느 한 부서에 몰아넣고 지속적으로 윤리 교육을 시키며 자존감을 박탈한다. 이때 고립은 정보 입력을 최대한 줄임으로써 벌어진다. 앞에서 설명했던 과잉정보 입력과 반대되는 개념 같지만 그렇지 않다. 가스라이팅은 자존감을 파괴한다. 무의미한 정보는 과잉입력하고, 자존감을 지지하는 데 필요한 정보는 차단함으로써 자존감을 없애려고 한다. 결국 고립된 왕따 집단은 자존감을 상실한 채 해고라는 종착점까지 함께 걷게 된다.

고립이 얼마나 파괴적 효과를 지녔는지 보여주는 사례가 바로 1953년 짐 존스(Jim Jones)가 만든 종교인 인민사원이다. 짐 존스는 젠틀한 사내였다. 그가 만든 인민사원은 흑인이나 마약중독자, 노숙자 등 소외된 사람들에게 봉사활동을 하면서 사회적으로 좋은 평판을 얻어나갔다. 어느새 그 크기가 눈덩이처럼 불어나기 시작했다. 짐 존스는 어느 순간부터 중심을 잃고 자신을 과대평가하기에 이르렀다. 그는 신도들에게 스스로를 신적인 존재로 부르도록 지시했다. 또한 재산을 강탈하기도 하고, 여신도들을 간부들 앞에서 강간하기도 했다.

이를 보다 못한 한 신도가 인민사원을 빠져나가 이 사실을 세상에 폭로했다. 그러자 짐 존스는 1,000여 명의 신도들을 데리고 가이아나 정글 속으로 사원을 옮겼다. 그곳은 외부 세상과 단절되어 있어서 신도들이 바깥으로 나갈 수 없었다. 짐 존스는 그곳에서 신도들을 강제노역에 처하고, 탈출하는 신도들은 죽일 것이라고 으름장을 놓았다. 누구도 탈출할 수 없는 강제노역소가 만들어진 것이다. 이른바 완벽한 '고립'이라는 조건이 형성됐다.

한편 미국 하원의원 리오 라이언이 신도 학대 등의 보고를 받고 조사하기 위해 가이아나의 존스타운을 방문했다. 진실이 드러날 것을 두려워한 짐 존스는 신도들에게 리오 라이언을 주이라고 지시했고 리오 라이언 하원의원과 세 명의 기자, 그리고 신도 한 명이 그 자리에서 사살되었다. 짐 존스는 이 사실을 은폐하기 위해 신도들에게 집단 자살을 명했다. 마침내 총 914명의 집단 자살로 짐 존스의 제국은 막을 내렸다. 이런 사례는 집단 고립이 얼마나 무시무시한 결과를 불러올 수 있는지 보여준다.

오카다 다카시의 《심리 조작의 비밀》에는 이스라엘의 심리학자 아리엘 브라리가 집단을 고립시키고 한 가지 목적을 맹목적으로 쫓도록 만드는 과정을 '터널'에 비유한 내용이 나온다. 집단적 가스라이팅은 집단 전체를 잘못된 결정에 노출시킬 수도 있다. 즉 하나의 터널 속에 갇히는 셈이다.

내가 상담을 했던 한 회사가 있었다. 그 회사는 해고를 시키고자 하는 집단을 어느 호텔 방에 가둬두고서는 집단 내 사람들이 권고사직서를 쓸 때까지 윤리 교육을 시켰다. 그 회사의 직원들은 그 방을 '검은 방'이라고 불렀다. 아리엘 브라리가 이야기한 '터널'과 유사하지 않은가?

만일 당신이 가스라이팅을 하고 있다면, 아래 내용을 찬찬히 읽어보고 생각해보자.

가스라이팅은 사실 그리 특별한 기술이 아니다. 왜냐하면 우리는 누구나 본능적으로 가스라이팅 기술을 알고 있기 때문이다. 우리는 사회에 보탬이 되고 싶어하고 우정을 중요시하기도 하며 가족들을 사랑으로 돌보는 순수한 면을 지니고 있다. 그러나 동시에 정치적이고 야만적인 면도 가지고 있다. 당신은 혹시 내보내고 싶은 누군가를 일부러 괴롭히고 있지 않은가? 만일 그렇다면 당신은 스스로를 바로잡아야 한다. 야만적인 가스라이팅으로 누군가를 내보내는 것은 윤리적 인간의 행태가 아니다.

만일 당신이 가스라이팅을 당하고 있다면, 아래 내용을 찬찬히 읽어보고 생각해보자.

당신은 반드시 주변 동료에게 도움을 구해야 한다. 혹은 전문 심리상담사를 찾아야 한다. 가스라이팅을 깨기 위한 첫 번째 방법은 '고립'으로부터 이탈하고 정서적 안정을 찾는 것이기 때문이다.

그리고 만일 당신이 용기를 가진 자라면 상사에게 문제를 제기할 수도 있다. 가스라이팅은 보통 나약한 사람들이 당한다. 그 이유는 대부분의 인간에게는 나약한 자에게 더 강한 면모를 보이려는 특징이 있기 때문이다. 이는 서열을 다투고자 하는 본능적 기제로부터 발현된다. 즉 대부분의 인간은 나약한 자에게 더 무리한 요구를 하는 경향이 있기 때문에 이를 막기 위해 당신이 나약하지 않다는 사실을 상대에게 알려주어야 한다. 당하고만 있지 않겠다는 저항을 해야만 한다. 만일 저항이 어렵다면 당신이 선택할 수 있는 마지막 수단으로 직장 내 괴롭힘으로 노동청에 신고하는 방법이 있다.

광기의 권력에
매료되다[16]

사회적 흐름을 이용한 지독한 광기

1955년 일본의 구마모토 현에서 한 남자가 태어났다. 그의 이름은 마쓰모토 치즈오(松本 智津夫), 일본에 옴진리교를 창시한 인물이다(개명 전 이름은 아사하라 쇼코(麻原 彰晃). 옴진리교는 사이비 종교로 치즈오를 신격화하는 종교단체였다.

네티즌 나인의 《일본 vs 옴진리교》에 따르면 치즈오는 옴진리교를 만들기 전까지는 평범한 인물에 불과했다. 그는 수도권에 거주하며 평범한 사람들처럼 결혼도 하고 자녀도 키웠다. 그는 침구사라는 직업을 가지고 있었는데, 우리나라로 치면 한의사와 비슷하다. 즉 먹고사는 데 전혀 지장이 없는 평범한 시민이었다. 1980년대 일본에서는 오컬트가 유행했는데, 치즈오도 선교, 요가 등에 심취하여 1984년 2월 14일에 옴신선회를 설립한다. 처음에는 작은 초능력 수련소에 지나지 않았지만 오컬트에 대한 사람들의 관심이 점점 많아지자, 치즈오 또한 유명해지기 시작했다. 그는 한 잡지에 자신이 공중부양한 사진을 올렸는데, 이 사진이 놀랍게도 일본 엘리트 청년들을 신도로 끌어들이기 시작했다.

얼마 지나지 않은 1986년에 치즈오는 《초능력 비밀의 개발법》이라는 책을 출간하고, 더 많은 사람을 추종자로 만들게 된다. 특히 그는 언론을 장악하는 기술이 뛰어났는데, 달라이 라마 14세와 두 차례 회동하고 그와 사진을 찍어서 공신력을 얻어내기도 했다. 달라이 라마와의 사진은 교세 확장을 발판으로 이용됐다. 옴진리교는 1980년대 후반부터는 신흥종교 붐까지 일어나면서 교세가 크게 팽창했다.

당시 옴진리교는 입교자들이 실종되는 문제로 거센 비난을 받고 있었는데, 치즈오는 오컬트 붐이라는 사회적 흐름을 이용해 옴진리교 교단이 일본 정부로부터 박해받고 있다는 인식을 사회에 심어주는 한편 1989년에 진리당을 창당하고 도쿄 도, 가나가와 현, 사이타마 현, 지바 현 등 수도권을 중심으로 25명의 후보자를 중의원 총선거에 출마시키기도 했다. 그 당시 옴진리교의 신도 수를 정확히 헤아릴 수는 없지만, 약 1,700명에 달한다는 주장도 있다. 신도들 중에 상당수가 일본의 엘리트 대학을 나온 청년들이었다.

그러나 사이비 종교에 불과한 옴진리교가 교세를 확장할 수 있었던 배경에는 권력을 향한 지독한 광기가 숨어 있었다. 그 광기는 치즈오뿐만 아니라 그의 주변에 있는 간부들도 잠식해갔다.

그들의 잔인한 행적은 무엇을 의미하는가

옴진리교는 엽기적인 고행을 전파하고 있었는데, 치즈오의 뇌파와 동일하게 만들기 위한 거라면서 신자들에게 일종의 헤드기어를 쓴 채로 머리에 수 볼트의 전류가 흘러들게 하기도 하고, 땅속에 파묻힌 상태로 며칠씩 명상을 계속하도록 하기도 했다. 심지어 수중에서 숨을 참고 깊은 명상에 들어가도록 했는데, 이 와중에 실제로 신도 한 명이 사망하는 사고가 일어난다. 치즈오와 간부들은 사망사고가 났음에도 불구하고 이를 단순히 '포아' 됐다는 표현으로 무마시킨다.

여기서 포아란 현 시점보다 더 높은 세계로 의식이 옮겨가는 것을 의미하지만, 치즈오는 이렇게 말한다.

"생명을 끊는 편이 좋다고 생각해서 포아시켰다. 이 사람은 도대체 어떤 카르마를 쌓은 것이 되는가? 살생인가? 아니면 높은 세계로 다시 태어나게 하기 위한 선행을 쌓은 것이 되는가? 인간의 객관적인 관점에서 본다면 이것은 살생이다. 그러나 바즈라야나의 사고가 배경에 있다면 이것은 훌륭한 포아이다. 지혜 있는 사람이 이 현상을 본다면 이 살해한 사람, 살해당한 사람, 모두가 이득을 얻었다고 할 것이다. 그러나 지혜가 없는 사람, 범부의 상태에서 이것을 본다면 '저 사람은 살인자'라고 할 것이다."

치즈오의 말을 간략히 풀이하자면, 살인도 종교적인 이유로 자신이 허락하면 정당하다는 것이다. 옴진리교는 치즈오를 신격화한 종교로 그의 말이 곧 정의다. 치즈오는 '포아'라는 말로 살인을 정당화한다.

그러나 더 황당한 이야기는 신도들이 정말 치즈오의 말도 안 되는 이야기를 믿고 실천했다는 것이다. 그것도 일류 대학을 나온 엘리트 청년들이 말이다. 이들은 신도들이 고행을 겪다 사망할 때마다 포아됐다는 이유로 살인을 덮어버렸다. 일본의 시사·대중 잡지인 〈선데이 마이니치〉에서 실종된 신도들을 기사화하자 이들은 언론사 앞에서 시위를 하며 기사를 일축했다. 여기서 그치지 않고 실종자의 유가족이 소송을 위해 고용한 사카모토 쓰쓰미 변호사와 그 일가족을 살인하는 끔찍한 일도 저지른다.

치즈오는 살인의 정당한 이유로 다시 한번 '포아'라는 말을 내세운다. 그리고 "이 세상은 완전히 타락했다. 이제 바즈라야나를 도입할 수밖에 없다"라고 말한다. 바즈라야나는 치즈오가 자주 사용했던 용어로, 밀교를 의미하는 말이지만 여기서는 '개벽'

에 가까운 의미로 세상을 뒤엎겠다는 말이 된다. 치즈오는 바즈라야나를 실행하기 위해 1990년에는 식중독을 일으키는 세균인 보툴리누스균을 배양하여 수도권 지역에 대량으로 살포하나, 다행히도 독성이 없어 미수에 그치게 된다.

1993년에는 탄저균을 분무했으나 이 또한 미수로 그쳤다. 이 사건은 훗날 일본에서 '악취 사건'으로 불리게 된다. 여러 번 실패를 거듭한 끝에 치즈오는 신도들에게 지령을 내려 사린 제조에 착수하기 시작한다. 그리고 1995년 3월 20일 신도들이 도쿄 지하철에 사린 가스를 살포해 13명이 사망하고 약 6,300명이 부상을 입게 된다. 이것이 그 유명한 '도쿄 지하철 오사린 사건'이다.

이 사건으로 인해 옴진리교의 실상이 경찰에 의해 철저히 드러났다. 일본 사회는 경악했고 마쓰모토 치즈오와 살인에 가담한 간부 신도들은 결국 체포되어 사형됐다. 도대체 그들은 무엇을 얻고자 그리 잔인한 행적을 이어갔던 것일까?

공범이 되기를
자처하는 사람들

———●———

위에서 아래로 흐르는 권력의 의미

이 사건의 주범은 마쓰모토 치즈오라고 생각하는 사람들이 많다. 그러나 그저 한 사람의 문제로 볼 수는 없다. 이것은 인간의 심리가 얼마나 취약한지를 보여준 사건이기 때문이다. 정확히 이 사건은 권력을 추종하는 인간의 심리와 사회의 억압이 일으킨 것이었다. 인간은 누구나 권력을 추구한다. 권력이란 달콤한 과실과 같기 때문에 한번 맛보면 결코 그 맛을 잊지 못한다.

인간이 탐욕스러운 권력에 잡아먹히는 이유는 자기확신이 없기 때문이다. 치즈오는 시각장애인이었다. 초등학생 때부터 일반학교에 진학하지 못한 탓에 자신이 불우하다는 느낌과 열등감을 안고 있었다. 치즈오는 상해와 약사법 위반으로 처벌받은 전력이 있었다. 이러한 범죄 행위는 열등감에서 비롯된 불확실한 자기 확신의 반발에서 나온 것이었다. 치즈오는 누군가를 이용하고, 누군가의 위에 서고, 누군가의 존경을 받을 때 비로소 자기 확신을 느꼈다. 그렇기 때문에 자신의 권력 왕국이 무너지는 것을 경계했다. 그의 야망이 광기로 드러나기 시작했던 것은 신도 한 명이 잘못된 수행으로 인해 사망했을 때였다. 그 당시 신도가 사망한 사실을 경찰에 신고하고, 잘못을 바로잡았다면 치즈오의 권력 왕국은 무너지지 않았을지도 모른다.

그러나 신도 한 명의 사망에서 모습을 드러낸 광기는 연쇄적으로 살인을 일으키고, 급기야 수많은 사람을 죽음으로 내모는 테러로까지 뻗어나갔다. 치즈오는 그 무엇보다 자신의 권력이 무너져 내리는 것을 무서워했다. 그래서 결국은 끔찍한 테러를 저지르는 잔혹한 범죄자가 됐던 것이다.

권력은 폭포처럼 위에서 아래로 흐른다. 치즈오의 권력은 간부에게로, 간부의 권력은 신도들에게로 흘러갔다. 치즈오의 명령이 광기로 얼룩져 있었고, 간부들도 이를 알고 있었다. 그러나 간부들조차 탐욕스런 권력의 맛을 보았다. 간부들은 신도들에게 명령을 내리고, 자신들이 세상에서 위대한 일을 하고 있다는 착각속에 빠져 있었다. 그렇기에 그들은 치즈오의 권력 왕국을 지켜나갔던 것이다. 혹자는 간부들이 치즈오의 궤변에 빠져서 과오를 저지른 것이라고 말하기도 한다. 그러나 사실은 그렇지 않다.

우리 안에 숨어 있는 치즈오

미국의 사회심리학자 스탠리 밀그램(Stanley Milgram)은 1961년부터 1962년까지 예일대학교에서 특이한 실험을 했다. 이 실험은 세 명으로 구성된다. 한 명은 의사, 한 명은 학습자, 나머지 한 명은 교사다. 학습자는 단어를 외워야 했고, 교사는 학습자가 외운 단어를 틀리게 말하면 전기 충격을 가하도록 의사로부터 지시를 받았다. 교사는 학습자가 단어를 틀리게 말할 때마다 전압을 학습자에게 흘렸다.

가벼운 15볼트에서 시작해서 450볼트까지 올랐다. 학습자는 고통스러워서 점점 더 거센 비명을 질렀다. 교사가 의사에게 문제가 있을 것 같다는 이의를 제기하자, 의사는 생명에 지장이 없다고 말했고 교사는 안심하고 더 강한 전압을 흘렸다. 450볼트 전기 충격을 받았을 때 사람이 과연 살 수 있을까? 죽을 수밖에 없다는 걸 우리는 모두 알고 있다. 그럼에도 불구하고 무려 70퍼센트의 교사가 의사 지시에 따라 전압의 세기를 올렸다.

과연 교사는 의사의 지시를 정말 믿은 것일까, 아니면 문제가 있음을 알고도 방치한 것일까? 후자의 편을 들어줄 만한 의미 있는 실험이 또 하나 있다. 한 병원 간호사실에 자기가 의사라고 주장하는 사람이 전화를 걸어왔다. 그 간호사들에게 '아스포텐'이라는 약물을 어떤 환자에게 20밀리그램 주사하라고 지시를 내렸다. 그 투여량은 약병에 적힌 최대 투여치의 두 배나 되는 양이었다. 간호사들은 물론 이 사실을 알고 있었다. 그런데 놀랍게도 무려 95퍼센트나 되는 간호사가 지시를 따랐다.

우리는 부당하거나 잘못된 지시에 당면하게 되면 대부분 이렇게 말한다. "나는 지시에 따랐을 뿐이다." 그런데 우리가 잘못된 제안을 받았을 때, 우리의 뇌를 들여다보면 배외측 전전두피질이 작동하고 있었다는 사실을 알고 있는가? 배외측 전전두피질은 신뢰를 담당하는 기관으로서 지시에 수긍하고 제안을 받았다 하더라도 활성화된다. 즉 우리는 제안이 잘못됐다는 사실을 알고 있다. 그럼에도 불구하고 책임을 회피할 수 있는 조금의 틈이 있으면 잘못된 제안을 수용하게 된다.

이제 치즈오의 간부들도 책임을 벗어날 수 없다. 아마도 그들은 속으로 이렇게 생각했을 것이다. '치즈오의 지시는 잘못됐다. 그러나 나는 지시에 따라야 했다.' 그렇다. 그들은 치즈오의 지시가 잘못됐다는 것을 알고 있었을 것이다. 그렇기에 지시를 따를 만한 그럴싸한 핑곗거리를 찾아냈던 것이다.

그들은 '지시에 따라야 했다'는 핑계로 공범이 되기를 자처한 것이다. 그들이 마음속으로 핑계를 찾았던 이유는 치즈오와 향유했던 '권력'에 있었다. 간부들은 아마도 다음의 말을 삼켰을 것이다. '치즈오의 지시는 잘못됐다. 그러나 나는 지시에 따라야 했다(나의 권력을 유지하기 위해서).'

치즈오가 과대망상과 반사회적 인격장애를 가졌다는 것은 사실이다. 그러나 그를 보좌했던 간부들 모두가 그랬을까? 간부들은 대부분 일류 대학을 나온 자들이었다. 상식선에서 모두 사리 분별을 할 줄 안다고 봐야 한다. 평범한 가정에서 자라고, 평범한 가치관을 가지고 있었던 자들이었지만 사실은 모두 '권력'을 향유하고 싶었던 것이다. 이로써 인간인 이상 우리 모두 탐욕스러운 권력의 추종자가 될 수도 있다는 교훈을 얻을 수 있다.

우리가 이토록 권력을 추종하게 된 이유는 진화론적 특징도 있지만, 사회구조적 특징도 무시할 수 없다. 우리는 모두 사회로부터 부당한 대우를 받아봤다. 그렇지 않은 사람은 아마도 피라미드 가장 꼭대기 서열에 위치한 재벌 3세쯤 될 것이다. 아니, 재벌 3세라 하더라도 아버지라는 우두머리로부터 지배를 받고 억압을 받을 수밖에 없다. 즉 우리 모두에게는 억압받는 치즈오가 숨겨져 있을지도 모른다. 그렇기 때문에 권력을 향해 불나방처럼 뛰어드는 것이다.

우리의 심리를 잘 아는 조직은 영악하게도 그 구조를 피라미드 형태로 설계했다. 조직은 임파워먼트(Empowerment)라는 이름으로 경쟁에서 이긴 자에게 권력을 나누어준다. 권력 구조는 톱다운식 피라미드 형태로 설계된다. 위에서부터 아래로 권력이 흐른다는 의미다. 그렇기 때문에 직급이 생긴다. 사장, 임원, 부장, 과장, 차장, 대리, 사원. 직급상 서열은 우리의 본능을 잘 아는 간교한 조직 시스템이 부여한 것이다. 누군가는 지배 계층이 되고, 누군가는 피지배 계층이 된다. 우리는 높은 권력을 유지함으로써 얻는 사회적 존경을 갈구한다.

만일 사악한 사장이라면, 직원들의 권력에 대한 야망이 작용하도록 조직 구조를 배열할 것이다. 직급을 나누고, 특정한 이에게 권력을 배분하며, 피지배 계층을 만들 것이다. 이처럼 피라미드식 구조는 조직이 우리 안에 숨어 있는 치즈오를 알고 있기 때문에 만든 간교한 시스템이라 할 수 있다. 결국 잘못된 명령에도 맹목적으로 따르는 조직 문화를 만든 것이다.

멈추어 생각해보기

당신이 사장이라면, 아래 질문을 깊이 생각하고 답해보자.
1. 스스로 야욕을 채우기 위해 직급 서열을 만들고, 상명하복의 딱딱한 조직 문화를 만들고 있지 않은가?
2. 잘못하고 있다는 비판을 받았을 때, 이를 용감하게 수용할 수 있는가?

당신이 직원이라면, 아래 질문을 깊이 생각하고 답해보자.
1. 잘못된 지시를 받았을 때 상사에게 문제 제기를 할 수 있는가?
2. 상사가 잘못된 방향으로 가고 있는 경우, 그에게 용기 있게 조언할 수 있는가?

6장

초신뢰 조직이
살아남는다

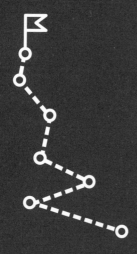

초신뢰
조직의 탄생

·————·————·

사장이 미쳤어요

미국에 직원 100여 명을 둔 신용카드 결제대행사가 있었다. 2004년 탄생한 이 회사의 CEO는 갑자기 미친 선언을 한다. "우리 회사의 최저임금을 7만 달러로 상향시키겠다. 그리고 이를 맞추기 위해 내 연봉 100만 달러를 7만 달러로 삭감하겠다. 이러한 조치는 직원들이 재정적으로 어려움을 겪지 않도록 최소한의 금액을 보장하기 위해서다."

순간 회사는 아수라장이 되었다. 중견 직원들은 CEO의 결정이 미친 짓이라면서 떠났고, 공동 창업자는 자신의 이익에 반한다는 이유로 소송을 걸었다. 그리고 미국 뉴스채널 폭스 비즈니스는 그 CEO를 '미치광이 중의 미치광이'라고 조롱했고, 보수적인 정치평론가인 러시 림보(Rush Limbaugh)는 "이 회사는 사회주의가 어떻게 망하는지에 대한 MBA 프로그램 사례가 될 것이다"라고 폄하했다. 결과는 어떻게 됐을까?

이 회사의 직원 수는 5년 만에 약 200여 명으로 두 배 증가했다. 업계 고용 유지율이 평균 약 68퍼센트인 점을 감안하면 압도적인 수치다. 그뿐만 아니라 카드 결제 처리액은 무려 세 배 가까이 늘었고, 고용 유지율은 91퍼센트로 큰 폭 증가했다.

그러나 승전보를 울리던 회사는 코로나19 사태로 인해 매출액이 55퍼센트 하락하면서 경영 위기를 겪게 된다. CEO에게 놓인 선택권은 단 두 가지였다. 직원을 절반가량 해고하거나 파산 신청을 하는 것이었다. 만일 직원을 해고하지 않으면 6개월 이내에 파산할 수밖에 없는 상황이었다. 아마 보통의 CEO라면 직원을 해고하는 선택을 했을 것이다. 그런데 미친 CEO는 역시나 폭스 비즈니스의 표현대로 미치광이 중의 미치광이와 같은 선택을 했다. 제3의 대안을 가져온 것이다. 그는 이전의 어떤 CEO도 하지 않았던 바텀업(Bottom-up)방식으로 소통을 시도했다.

그는 모든 직원을 불러서 진실을 토로하며 의논했다. '회사가 현 상태로 유지되면 어쩔 수 없이 4~6개월 이내 파산할 수도 있다'며 회사의 가장 중대한 결정을 직원들과 함께 내리고자 한 것이다!

CEO는 약 40시간 동안 근심 어린 분위기 속에서 직원들과 노론을 했다. 모든 직원은 심각했고, CEO도 몇 번이나 좌절할 것만 같은 기분을 느꼈다. 그런데 한 직원이 말했다. "저의 임금을 자발적으로 반납하도록 하겠습니다."

그렇게 수십 명의 직원이 임금을 스스로 반납하거나 자진 삭감했다. CEO는 직원들이 회사를 자신의 것처럼 생각하는 모습에 감명을 받았다. 그들은 회사를 단순히 경제적 이윤을 버는 집단으로 생각하지 않는 것 같았다. 서로의 삶의 터전이라고 여기고 있었고, 그러한 곳이 위협받자 함께 극복해내려고 했다.

회사의 주인은 CEO의 것도, 공동 창업자의 것도 아니었다. 모두의 것이었다. 공동의 목적이 일치하자 그들은 임금 자진 반납 및 삭감을 통해서 함께 추운 겨울을 이겨냈다. 결국 CEO는 그 누구도 해고하지 않았고, 파산절차도 밟지 않았다. 그리고 추운 겨울이 끝나고 회사는 다시 정상 궤도에 올랐고, 자진해서 임금을 받지 않았던 직원들은 임금을 다시 받을 수 있었다.

이러한 상황을 보면 아무래도 폭스 비즈니스와 러시 림보의 생각은 틀린 것 같다. 이 회사의 이름은 '그래비티 페이먼츠(Gravity Payments)'이고, CEO는 댄 프라이스(Dan Price)다. 나는 그가 경영의 신이라고 불리는 잭 웰치 이후 신세대를 열 새로운 경영의 신이라고 생각한다. 그는 모든 구성원이 주인의식을 갖고 일하는 회사를 만들었다. 이들은 어떠한 위기도 극복할 수 있는 '초신뢰 조직'으로 거듭났다.

초신뢰는 고도의 성장 전략

나는 댄 프라이스가 구축한 조직을 '초신뢰 조직'이라고 이름 붙였다. 초신뢰 조직은 솔직함과 긍정적 이기주의를 기반으로 한다. 댄 프라이스는 자신의 고연봉을 포기하고 직원들의 복지를 우선시했다. 댄 프라이스는 직원들에게 최저임금으로 7만 달러를 주려면 자신이 임금의 일부를 포기해야 한다고 생각했기에 과감하게 연봉을 100만 달러에서 7만 달러로 삭감했다.

그의 결정이 자본주의 사회와 반한다는 이야기도 있었고, 공산주의자라는 비판도 있었으며, 예수의 재림이라고 말하는 사람도 있었다. 아마도 많은 사람은 그가 이타주의적이고 선량한 사람이라고 생각할지도 모른다. 아니면 그를 우둔한 사람이나 어리석은 사람이라고 생각할 수도 있다.

사람들이 뭐라고 생각하든 댄 프라이스가 내린 결정으로 회사는 크게 성장했고 코로나19 위기 또한 극복해냈다. 그렇다면 댄 프라이스의 행동은 단순한 이타주의자에서 비롯된 것이었을까? 아니면 회사를 성장시키기 위한 고도의 전략과 치밀한 계산으로부터 도출된 것이었을까? 연간 약 100억 달러에 달하는 매출액을 올리는 회사의 CEO가 단순한 이타주의로 비즈니스를 한다는 건 이치에 맞지 않는 것처럼 보인다.

'경영의 신'이라고 불리는 잭 웰치가 갑자기 자신은 이타주의자라고 선언하면서 그동안 해고했던 모든 직원들을 다시 채용하고 임금을 올려주는 모습이 상상되는가? 아마도 내일 해가 서쪽에서 뜬다는 말이 더 현실적으로 느껴질 것이다.

댄 프라이스가 이타주의자였다면 테레사 수녀처럼 헌신하면서 성직자 생활을 하는 게 더 어울릴 것이다. 그렇다면 그가 직원들 임금을 파격적으로 올린 것은 회사를 더욱 성장하게 만들기 위한 고도의 전략이 아니었을까? 그 전략은 바로 '직원 만족도'를 높이는 것이었다. 이번 장에서는 그래비티 페이먼츠 같은 초신뢰 조직을 만드는 방법을 알아보고자 한다.

임금을
올려줘라

———•———

최저임금 노동자의 현실

박춘배는 두 손으로 시트조차 없는 얼룩덜룩한 침대를 짚고 허리를 세우며 일어났다. 그는 거의 정신을 잃을 것 같았다. 잠자리가 별로라 그런지 제법 사나운 꿈을 꿨다. 그러나 아침부터 시작될 일과는 더욱 악몽처럼 느껴졌다.

'오늘 들어올 월급이 180만 원이구나. 세금을 빼면 160만 원 정도 되지. 이번 달 월세가 50만 원이고, 인터넷 요금이 3만 원, 휴대폰 할부금이랑 요금은 합쳐서 5만 원이지. 거기다 이번 달 식비로 78만 원 정도 썼지. 24만 원 정도 남나……'

박춘배는 폭삭 주저앉을 것만 같은 침대만큼 오래된 나무 선반에서 담뱃갑을 주워 들었다.

'한 개비 남았나.'

담배에 불을 붙이고 연기를 한 모금 마셨다. 그것은 생명을 태우는 맛이었다. 치직 하는 소리와 함께 담배가 서서히 줄어든다. '생명이 줄어드는 걸까, 돈이 줄어드는 걸까.'

박춘배는 피식 웃고는 남은 한 손으로 휴대폰을 뒤적거렸다. 수백 개의 카톡이 쌓여 있었다. 여자친구는 이번 달 크리스마스에 뭘 할지 묻고 있었다. 친구들은 연말파티를 한창 준비 중인 것 같았다. 어머니는 언제 집으로 내려올지 궁금해하셨다. 그러나 박춘배는 아무것도 할 수 없었다. 그의 통장 잔고가 철옹성처럼 어떤 것도 받아들이지 말라고 속삭였다. '난 너희를 만날 시간 같은 건 없어.'

박춘배는 방바닥에 아무렇게나 버려진 잡동사니와 쓰레기들을 헤치며 지나갔다. 그중엔 그가 버린 담뱃갑부터 커피 자국이 눌러붙은 종이컵, 잔해만 남은 편의점 도시락 등이 있었고, 바닥에 내려앉은 뿌얀 먼지 위에 발바닥 모양의 자국이 남아 있었다. 박춘배는 오늘도 출근한다. 오늘은 12월 25일 크리스마스다.

낮은 임금이 조직을 해친다

에이브러햄 매슬로에 따르면 인간에게는 5단계의 욕구가 있고, 그 욕구는 하위 욕구부터 순차적으로 발현된다고 한다. 그러면 최저임금을 받는 박춘배의 경우에 욕구 충족은 어떻게 이루어졌을까?

그의 경제적 형편으로는 아마도 생리적 욕구와 안전 욕구 정도만 충족할 수 있었을 것이다. 매슬로에 따르면, 그의 욕구 수준은 생리적 욕구와 안전 욕구에 머물러 있었을 것이다. 그는 빚을 지지 않기 위해 사소한 모든 결정에 대해서 고민할 수밖에 없다. 돈이 모자라지 않도록 생리적 욕구와 안전과 관련된 문제를 제외한 모든 활동을 접을 것이다.

먼저 아침마다 알람벨을 울려주던 사랑스러운 연인부터 정리할 것이다. 그 뒤로 연말마다 크리스마스 캐럴이 울려 퍼지는 따스한 곳에서 만났던 친구들도 정리하게 될 것이다. 물론 학업이나 취미생활 같은 건 꿈도 꿔선 안 된다. 그리고 노후자금 준비를 위한 저축도 미안한 이야기지만 좀 힘들어 보인다. 아마도 박춘배와 같은 삶을 사는 이들은 언제 해고될지 모르고, 언제 마이너스가 될지 모르는 통장잔고를 걱정하기 때문에 저렴한 커피가게 앞에서 1,500원짜리 아이스 아메리카노를 살 때도 고민을 할 것이다. 이들은 김밥집에 가서도 가장 가성비가 좋고 칼로리가 높은 라면으로 배를 채울 것이고, 하루 식사를 세 끼에서 두 끼로 줄일지 고민하고 있을지도 모른다.

박춘배와 같은 이들은 회사에서는 살아남기 위해서 음험한 전략가가 될 수밖에 없다. 이들에게는 회사가 전부다. 이들에게 회사란 가장 기본적인 생리적 욕구를 충족시킬 식량을 살 수 있도록 해주는 유일한 곳이기 때문이다.

이들은 회사에서 잘리지 않기 위해 모든 해괴한 수단을 동원한다. 그 가운데 어떤 사람은 업무 처리 방식을 복잡하게 구성할지도 모른다. 다른 누군가가 자신의 업무를 대체할지도 모른다는 불안감에 자신만 수행할 수 있도록 업무 배열을 구성하는 것이다. 또한 이런 사람들은 제대로 된 인수인계는 생각하지도 않을 것이다. 후배 양성이란 단어는 이들 머릿속에 존재하지 않는다. 오로지 자신의 안위만이 목표가 된다.

그리고 이들 중 어떤 이는 조직에서 시킨 업무는 등한시한 채 다른 곳에서 부업을 하고 있을 가능성이 높다. 그렇게 되면 조직의 업무는 딱 시킨 정도만 하거나 그보다 못 미치는 수준으로 할 수밖에 없다. 만일 업무에 문제가 발생할 것 같더라도 다른 데 이직하면 그만이라는 심보로 일을 하게 될 것이다. 이들 중 또 어떤 이는 조직 정치를 하고 있을지도 모른다. 급여가 너무 낮다는 이유로 노동조합을 조직하려 하거나, 회사에서 잘리지 않기 위해서 노무사를 찾아가 상담을 받고 있을지도 모른다.

게다가 이들은 기본적으로 자존감이 낮을 수밖에 없는 상태에 처해 있기 때문에 동료의 급여 인상을 매우 시기하고 질투한다. 아주 사소한 일이라도 이들은 매우 크게 불공정하다고 느낄 것이다. 저연봉, 불안전한 고용이 내재된 조직은 직원들 간 화합이 제대로 이루어질 리 없고, 서로 싸우고 시기하고 질투하는 데 급급할 것이다. 왜냐하면 이들의 욕구 수준은 매슬로의 단계 중 가장 최하위에 머물러 있기 때문이다. 즉 자신의 생존에만 관심이 있는 상태다.

연봉 7만 달러가 가져온 기적

만약 최저임금을 받는 이들이 조직에 있게 되면, 이들에 의해 조직 내 정치 활동이 활발해질 가능성이 높다. 이들은 동료의 임금이 조금이라도 오르면 뒤에서 그 동료를 욕하기 여념이 없을 것이고, 파벌을 나누고 잘 나가는 누군가를 내보내려 할 것이다. 이들이 조직에 있으면 제대로 된 소통도 어렵게 된다. 또한 최저임금이란 방패 뒤에 숨어 큰 실수를 저질러도 제대로 책임지려 하지 않는다. 최저임금이나 저임금을 받는다는 것은 책임으로부터 어느 정도 자유롭다는 의미와 같다.

결국 최저임금이나 저임금을 받는 직원에 대해서 임금을 인상할 필요성이 있다. 그래비티 페이먼츠 CEO 댄 프라이스는 회사 내 직원 최저임금을 7만 달러로 맞췄다. 직원들 임금이 7만 달러가 되자, 행복도가 높아져 고객에게 더 질 좋은 서비스를 제공하게 됐고, 능력이 좋은 직원들이 이탈하지 않게 됐다. 그뿐만 아니라 동료들 간에 사이도 좋아져서 힘든 시기가 되면 같이 이겨내기 위해 서로 힘을 합친다. 게다가 뛰어난 인재까지 확보할 수 있었다. 타밀 크롤(Tamil Kroll)은 야후의 고위직원으로 일하던 직원이었다. 그는 댄 프라이스의 신념에 감화되어 자신의 연봉 80퍼센트를 삭감하고 그래비티 페이먼츠에 입사했다.

그렇다면 왜 연봉을 7만 달러로 맞췄을까? 노벨경제학상을 수상한 대니얼 카너먼의 연구에 따르면 인간은 7만 달러의 연봉을 받을 때 가장 행복하다. 그 정도 임금을 받았을 때 매슬로의 욕구 단계 중 상위 욕구가 발현되어 행복감을 느끼는 것이다. 상위욕구가 발현되면 인간은 보다 창조적이 되고, 자기 주도하에 일을 하고, 스스로의 일에 책임을 지게 된다. 그것이 바로 연봉 7만 달러가 회사에 가져다주는 이점인 것이다.

물론 단점도 있다. 공정성에 불만을 갖는 직원들도 있기 때문이다. 자신보다 능력이 떨어진다고 생각한 직원이 자신과 같은 연봉을 받는다면 어떨까? 그래비티 페이먼츠에서도 이러한 문제를 지적하고 퇴사한 직원들이 두 명 있다. 그러나 전반적으로 봤을 때 댄 프라이스의 결정은 옳았다.

휴가 사용을
자유롭게 하라

●────●

인간 본성에 맞는 시스템을 조직에 장착하라

우리는 본성의 지배를 받는다. 그렇기 때문에 때론 야만적이기도 하고, 남을 기만하기도 하고, 입에 담을 수 없는 욕을 내뱉기도 한다. 이런 문제는 우리의 본성이 현대 조직과 적합하지 않기 때문에 벌어지는 일이다. 우리의 본성은 수백만 년 진화해온 산물이기 때문에 사회, 문화가 요구하는 것을 맞춰줄 수 없다. 그래서 근무 태만에 빠지기도 하고, 조직 정치도 하며, 누군가를 질투하여 다투기도 한다. 그나마 다행스러운 건 우리의 야만적 본성을 긍정적인 방향으로 보완해줄 수 있는 다양한 기술이 있다는 것이다.

그중에서 가장 효과적인 것으로 인간관계에 따른 역학을 최소화하는 컴퓨터 기술을 들 수 있다. 조직 구성원들은 상호 간 밀접한 관계를 맺기 마련이다. 그러나 밀접한 인간관계는 불필요한 조직 정치를 만든다. 예를 들어, 직원이 휴가를 쓰려 할 때 대부분의 조직에서는 상사의 눈치를 봐야 한다. 이러한 관계는 조직을 경직되게 만들고, 조직 정치가 무분별하게 일어나게 한다. 그렇기 때문에 인간관계에 따른 역학을 최소화하기 위한 장치를 마련해야 한다.

예컨대 대부분의 조직이 사용하고 있는 제도로 상사에게 먼저 허가를 구한 뒤, 비로소 휴가를 사용하는 방법이 있다. 그러나 이러한 제도는 상사의 권력을 강화시키는 역할만 할 뿐이다. 인간은 진화론적으로 권력을 탐하는 본능을 타고났다. 누구든지 인간인 이상 타고난 정치꾼인 셈이다. 그런데 정치꾼에게 권력까지 얹어주면 그는 그 권력을 사적 이익을 위해 이용하게 될 것이다. 그렇기 때문에 상사나 중간관리자에게 허가를 구하는 시스템을 최소화할 필요가 있다.

나는 사내 인트라넷을 이용하거나 IT업체의 기술을 이용한 관리 방안을 마련하는 것을 추천한다. 상사의 허가를 거치지 않고 사내 인트라넷을 통해서 곧바로 휴가 사용이 가능하도록 하는 것이다. 여기서 중요한 것은 '결재'라는 절차를 없애는 것이다. 결재는 상사로부터 허가를 얻는 것을 의미한다. 결재 절차가 많아질수록 상사의 권력은 강해진다. 특정한 누군가가 많은 권력을 손에 넣을수록 조직은 경직된다. 인간은 권력에 탐하는 본능이 있다. 즉 누군가에게 너무 많은 결재권을 주면 권력욕에 불을 붙이는 셈이다. 그렇기 때문에 결재 절차를 간소화한 연차휴가 운영 시스템을 구축할 필요가 있다.

사내 인트라넷이 구축된 기업의 경우에는 이런 시스템을 재구축하는 것에 대해서 크게 문제가 없을 것이다. 그러나 사내 인트라넷이 구축되지 않았거나, 규모가 작은 중소기업의 경우에는 이 부분을 어떻게 해결해야 할지 고민스러울 것이다. 다행히도 우리나라엔 인사 관리 솔루션 업체들이 많다.

| 시프티의 휴가 관리 시스템 |

예컨대 시프티(Shiftee), 자버(jober) 등의 업체의 기술 제공을 받는 방법이 있다. 이 중 시프티는 전자 결재 시스템을 통해 직원이 연차휴가 사용을 허가받도록 되어 있다. 누군가의 허가를 받아야 한다는 점에서 인적 요소가 어느 정도 들어가지만, 직접 상사와 대면하지 않고도 허가를 받을 수 있다는 점에서 어느 정도 만족할 만한 시스템이라 할 수 있다.

눈치 보지 않고 자유롭게

여기서 한 가지 간과해서는 안 되는 것이 있다. 연차휴가의 자유로운 사용을 보장해야 한다는 것이다. 물론 법에 따라 연차휴가는 근로자에게 당연히 발생되는 권리이며, 자유롭게 사용할 수 있도록 규정돼 있다. 피치 못할 사정이 있을 경우에는 사장이 시기를 다른 날로 변경할 수는 있다. 따라서 취업규칙 등 인사규정을 정할 때 다음 규정을 넣는 것을 추천한다. '휴가는 원칙적으로 근로자가 청구한 시기에 자유롭게 사용할 수 있다. 단, 사용자는 부득이한 경우 근로자가 청구한 휴가 시기를 변경할 수 있다'

이러한 규정을 만드는 이유는 법적 구속력도 있지만 상사가 휴가 사용을 제재하는 것을 어렵도록 만들기 위함이다. 모든 상사는 직원을 통제하려는 탐욕적인 권력 욕구를 가지고 있다. 명문화한 규정에 근거를 두는 것은 이를 막을 수 있는 마법 같은 효과가 있기 때문이다. 상사는 부하직원들이 자신에게 결재받도록 조직 구조를 야금야금 배치하려 할 것이다. 그들의 뜻대로 조직이 돌아가게 놔둬선 안 된다. 그들의 권력 야망이 조직에 깃드는 순간, 조직은 점점 쇠락하게 된다. 따라서 이러한 문제를 시스템으로 상쇄할 필요가 있는 것이다.

특히 요즘 같은 복잡한 경영 환경에서 조직 정치가 난무하게 된다면 유연한 경영이 불가능하다. 따라서 유능한 사장은 직원이 조직에 도움이 될 수 있는 환경을 구축해야 한다. 즉 자유로운 사고를 보장하고, 조직이 환경 변화에 유연하게 적응할 수 있도록 해야 한다. 쓸데없이 상사의 눈치를 보는 등 심리적 소모를 하는 것을 막을 필요가 있다. 상사의 권력 투쟁으로 직원들이 눈치를 보게 되면 직원들은 본연의 업무에 집중할 수 없게 된다. 사장은 직원들이 마음껏 일하도록 장애물을 없애야 한다. 그중 가장 중요한 것이 바로 '눈치'이다. 회사 안에서만큼은 정해진 룰에 따라 자유롭게 행동할 수 있어야 한다.

자유를 보장하기 위한 각종 프로그램들

그런데 한 가지 의문이 있을 수 있다. 상사의 허가를 받지 않고 휴가를 자유롭게 사용하게 되면 직원이 바쁜 시기에 휴가를 청구할 수도 있다. 그리고 다른 누군가와 휴가가 겹치는 문제가 생길 수도 있다. 예를 들어, 인사팀에서 근로하는 직원이 급여 지급 시기에 휴가를 쓴다면 아마도 회사는 큰 어려움에 처할 것이다. 확실히 직원들은 도덕적 해이에 빠지기 쉽다. 그리고 누군가의 도덕적 해이는 다른 직원에게도 전염된다는 점은 이 책을 처음부터 읽은 독자라면 이해하고 있을 것이다. 따라서 다음과 같이 일정한 룰을 정할 필요가 있다.

- 팀장과 팀원은 한 달 단위로 스케줄을 미리 공유한다.
- 바쁜 시기에는 휴가를 가급적 사용하지 않는다.
- 긴박한 일이 발생한 경우, 휴가 요청자에게 양해를 구하고 휴가시기를 변경한다.
- 만일 휴가자가 멀리 있는 경우, 화상 회의 및 채팅 그로그램을 이용해서 업무 처리를 한다.
- 휴가자가 멀리 있을 때, 업무를 처리한 경우 이틀의 휴가를 더 부여할 수 있다.

팀장과 팀원은 미리 회의를 거쳐서 한 달 단위로 업무 일정을 공유해야 한다. 이처럼 스케줄러를 활용하면 직원들이 바쁜 시기를 피해서 휴가 사용을 할 수 있도록 유도할 수 있다. 스케줄러 프로그램으로는 시프티, 자버 등이 있다. 이 중 시프티의 스케줄러는 다음과 같다.

	5/월	6/화	7/수	8/목	9/금
				재택근무(9시간)	외근	휴가

	5/월	6/화	7/수	8/목	9/금
강직원				9:00 18:00	
	경영지원부				
김직원				❶	
	경영지원부				
고직원	9:00 18:00	9:00 18:00	9:00 18:00	9:00 18:00	✕
	기술개발1팀				

| 시프티 스케줄러 |

　시프티의 일정 관리 프로그램을 보면 팀원들의 일정을 쉽게 확인할 수 있다. 이러한 점을 잘 활용해 어느 팀원의 휴가 사용이 다른 팀원의 업무량 증가로 이어지지 않도록 해야 한다. 그래야만 직원들의 사기 저하를 막을 수 있다. 그러나 스케줄러로 일정을 관리한다 하더라도 갑작스럽게 긴급회의를 해야 하는 경우도 간혹 벌어진다. 휴가를 간 직원이 필요한 일이 터지면 어떻게 해야 하는가? 다행스럽게도 이러한 돌발 상황도 대처 가능하게 하는 프로그램들이 있다.

　바로 줌(ZOOM)을 비롯한 각종 화상 회의·채팅 프로그램이다. 이런 프로그램들을 활용하며 휴대폰으로 화상 회의를 할 수 있다. 긴급한 일이 생겼을 때 직원에게 유연하게 연락할 수 있는 것이다. 다만, 그럴 경우 휴가자는 업무 처리로 인해서 휴가를 제대로 보내지 못한다. 따라서 회사는 직원의 동기가 하락하지 않도록 어느 정도 보상을 해야 한다. 그렇기 때문에 휴가자에게 부득이 업무를 시킨 경우, 앞서 살펴본 일정한 룰 중 이틀의 휴가를 더 부여하는 방안도 고려해야 하는 것이다.

물론 직원들에게 지나치게 휴가를 보장해주는 것이 아닌지 의문을 가질 수 있다. 그러나 휴가를 자유롭게 보장해주는 것은 직원을 구속했던 경직된 사고를 풀어주는 열쇠와 같다. 복잡해진 경영 환경으로 그 어느 때보다 자유로운 사고가 중요하다. 직원들이 조직에 헌신하고 창의적인 사고를 해야만 독특하면서 가치 있는 아이디어가 나올 수 있다. 일일이 작업을 지시하고, 휴가까지 간섭하는 조직은 인간 본성의 법칙에 따라 조직 정치가 심화될 수밖에 없다. 직원들은 편협해지고, 이기적이 되며, 사고는 경직된다.

불필요한 결재 절차 없이 자유롭게 휴가를 쓸 수 있는 분위기가 조성되면 조직 정치는 줄어들고, 직원들끼리 화합이 잘 이루어질 가능성이 높아진다. 이를 증명해보인 회사가 넷플릭스다. 넷플릭스는 직원들에게 휴가를 자유롭게 사용하도록 보장해주고 있다. DVD 대여점에 불과했던 넷플릭스가 전 세계 수억 명의 회원을 둘 수 있었던 배경에는 자유로운 휴가 사용이 가능한 조직 문화가 있었다.

투잡을
인정하라

─────•────•─────

부업을 인정할 수밖에 없게 된 세상

직원이 조직에만 의존하도록 하는 것은 조직과 직원 모두에게 안 좋은 결과를 가져온다. 조직은 어차피 언젠가 성장을 멈추면 직원을 내보내야 한다. 그러한 현실을 잘 아는 직원들은 조직 몰래 다른 부업을 하게 된다. 조직이 그 사실을 알게 되었더라도 직원이 조직 업무 수행에 실질적으로 지장을 주지 않는 이상 해고하는 건 어렵다.

사회 전반을 놓고 봤을 때, 법적으로 부업은 사실상 인정되는 추세다. 조직은 종신 고용을 보장하지 않는다. 따라서 항상 고용 불안에 직면한 직원들에게 부업을 보장해주는 것이 좀 더 공평해 보인다. 특히, 최근 많이 문제가 되고 있는 유튜버를 부업으로 하는 직원에 대해서 조직의 기밀을 유출하거나 회사를 비난한 것이 아닌 이상 해고를 할 수 없다. 다만, 예외적으로 공무원은 부업을 할 수 없을 뿐이다.

조직에 부업을 할 수 없다는 제한 규정을 두는 경우 해고할 수 있지 않느냐는 의문을 가질 수 있다. 그러나 제한 규정을 둔다 하더라도 부업을 막을 수 없는 것은 마찬가지다. 판례는 업무 수행에 실질적으로 지장을 주지 않는 이상 부업을 허용하고 있다. 그리고 사회 전반을 놓고 봤을 때 직원은 조직에 대한 기대를 내려놓았다. 승진은 어렵고, 임금은 점점 줄어들고 있다. 연봉 7,000만 원을 버는 직장인이 임금만으로 서울에 있는 집을 사는 일은 사실 그가 죽을 때쯤에나 가능할 것이다. 게다가 직장인들은 대부분 언제 퇴사하게 될지 모른다는 불안에 노출돼 있어, 본연의 업무보다 부업에 더 몰입하는 실정이다. 우리 사회는 이들을 'N잡러'라고 부른다. N잡러의 등장은 직원들이 조직에 대한 기대를 저버렸다는 것을 의미한다.

어차피 인정해야 한다면 이점을 보자

조직이 N잡러를 인정할 수밖에 없게 됐다면 조직에 도움이 되는 방향으로 유도할 필요가 있다. 즉 직원들의 야망과 조직의 목표를 일치시키는 것이다. 그러나 반드시 명심해야 하는 것이 있다. 부업을 무제한적으로 허용해선 안 된다. 조직의 업무와 관련된 부업만 허용해야 한다. 예컨대 귀금속을 판매하는 조직이 있다고 하자. 이 조직에서 명품 시계를 만든다고 치자. 명품 시계는 한두 명이 만드는 것이 아니다. 시계의 윤곽을 세밀하게 디자인할 수 있는 장인은 물론이고, 명품에 어울리는 보석을 수집할 사람도 필요하다. 그리고 수년간 능력을 갈고닦은 금속세공사와 스톤세공사가 섬세한 손길로 시계 부속품과 스톤을 가공해야 한다. 거기에 스톤세터와 폴리셔, 왁스 전문가들의 능력이 더해져야 비로소 명품 시계가 탄생하는 것이다.

그러한 조직에서 판매직으로 일하는 직원들에게 명품 시계 제작을 배울 수 있는 기회를 준다면 어떨까? 직원들은 시계가 어떤 과정으로 만들어지는지 알게 되어 고객에게 더 세밀한 안내가 가능해질 것이다. 업무와 관련된 부업을 직원에게 부여하는 것은 조직이 어떻게 돌아가는지 깨달을 수 있게 하여, 조직에 대한 이해도도 올려준다. 즉 나중에 의사결정권이 있는 핵심 인재로까지 성장시킬 기회가 생기는 것이다.

조직과 직원의 야망을 일치시키는 방법

직원들의 야망은 다음과 같은 것들이 있다.

아래 표는 '만다라트(Mandal-art)'라고 불린다. 만다라트는 목표를 찾고, 달성하고자 할 때 활용되는 도구이다. 다음과 같이 직원들의 야망을 적은 만다라트 표를 작성해보자.

워라밸	더 많은 임금	고용안정
자신의 능력발휘	직원의 야망	새로운 지식과 경험
자유	전직 또는 독립	다양한 분야의 인맥 형성

그 다음에는 다음과 같이 조직의 야망을 적은 만다라트 표를 작성한 후 조직과 직원의 야망을 일치시켜 조직의 성장을 이끄는 방법을 알아보자.

사회적 정당성 획득	인건비 감소	탄력적인 인력 활용
성과 향상	조직의 야망	독특한 능력을 지닌 직원 찾기
성장	새로운 거래처 확보	다양한 분야를 섭렵한 인재 찾기

워라밸 – 사회적 정당성 획득

조직에게 사회적 정당성을 획득하는 일은 무척 중요하다. 우리는 인스타그램, 페이스북 등의 SNS가 주는 파급력을 알고 있다. 남양유업의 갑질 사태를 상기해보면 된다. 2013년 5월에 영업사원이 대리점주를 상대로 막말과 욕설을 퍼부은 음성파일이 인터넷에 공개됐다. 그 뒤로 남양유업은 지금까지도 내리막길을 걷고 있다. 2013년 5월 3일 남양유업 주가는 117만 5,000원이었다. 2020년 12월 1일, 남양유업의 주가는 28만 2,000원이 됐다. 갑질 사태로부터 수년이 흘렀지만 아직도 남양유업을 꺼리는 사람들이 많다. 비윤리적인 기업은 사회적 정당성을 잃어서 사람들로부터 외면받는다.

그런데 부업을 허용하는 조직이라면 어떨까. 직원들의 미래 생계를 보장하기 위해 부업을 허용해줬다면 조직 외부 사람들은 이러한 조직의 모습에 찬사를 보낼 것이다. 일본의 소프트뱅크가 그러하다. 소프트뱅크는 직원 130명에게 부업을 허용해주었다. 소프트뱅크의 기업 이미지는 점점 좋아지는 추세다.

더 많은 임금_인건비 감소

직원은 더 많은 임금을 원한다. 그러나 조직은 외부와의 경쟁 때문에 인건비를 늘릴 수 없는 추세다. 게다가 직원들은 시간이 흐를수록 조직 태만에 빠져서 성과를 내지 못한다. 그러나 부업을 허용하는 대신 임금을 감소시키는 건 어떨까? 부업을 시키면 근로시간도 줄어들 수밖에 없다. 따라서 임금 또한 감소시킬 이유가 생긴다. 그런데 여기서 기업이 직원의 임금을 줄였기 때문에 직원들이 불만을 제기할 수 있다는 의문이 들 수 있다. 그러나 직원은 줄어든 인건비를 부업을 통해서 충당할 수 있다. 처음엔 임금 감소 정도에 따라 수입이 적어질 수도 있을 것이다. 그러나 시간이 흐르고 숙련도가 쌓인다면 직원은 자신의 부업으로 임금보다 더 많은 수익을 얻을 수 있을 것이다. 그러니 작은 것에 연연하지 말고 숲을 보는 자세를 가져야 한다.

고용 안정_탄력적 인력 활용

부업은 사실 교육 훈련의 일환과도 같다. 직원들에게 부업을 무제한적으로 허용하는 것이 아니라, 현재 직원이 수행하는 업무나 조직에 적합한 업무에 대해서만 부업을 허용할 필요가 있다. 이렇게 하면 직원은 더 많은 돈을 벌기 위해 노력하게 되는데, 부업을 배우면서 업무 수행 능력까지 증진되므로 일석이조의 효과가 발생할 수 있다. 업무 능력이 증진된 직원은 운신의 폭이 넓어진다. 기존의 업무를 할 수도 있고 다른 업무를 할 수도 있게 된다.

새로운 지식과 경험_독특한 능력을 지닌 직원 찾기

조직은 환경 변화를 위해 많은 비용을 투자한다. 삼성이나 현대 등 대기업들 뿐만 아니라 중소기업들도 인재개발원이나 교육원을 두고 변화하는 흐름에 뒤처지지 않도록 교육을 시킨다. 그러나 직원들은 좀처럼 변화를 따라가지 못한다. 그렇기 때문에 조직은 근속이 오래된 직원들을 내보낼 수밖에 없는 것이다. 직원들이 교육 훈련에 동기 부여가 되지 않는 이유는 자신의 목표와 교육 내용이 일치하지 않기 때문이다. 그렇기 때문에 그들을 스스로 자극시킬 수 있는 방법 역시 부업을 통해 해결해야 한다. 부업을 통해 직원들이 업무 능력을 신장시킬 수 있게 되면 변화의 흐름을 뒤쫓는 수준을 넘어 혁신적이고 독특한 지식을 지닌 인재가 될 수 있다.

인맥 형성_다양한 분야를 섭렵한 인재 찾기

직원이 부업을 한다는 것은 사실 다양한 능력을 습득할 수 있는 것을 의미한다. 직원의 인맥 범위가 점점 넓어졌다는 것은 그만큼 회사에 적합한 인물을 찾아낼 수도 있다는 것을 의미한다. 많은 사람이 지닌 착각이 있다. 바로 혼자서 모든 일을 다 할 수 있다는 착각이다. 사실 혼자서 할 수 있는 건 아무것도 없다. 모든 사람은 좋든 싫든 사회 관계망이나 주변 직원들의 도움을 통해서 성과를 낼 수 있을 뿐이다.

마이클 아이스너는 몰락해가던 디즈니를 일으켜 세웠다. 그런데 자신 혼자 했다는 착각에 빠져 제프리 카젠버그, 프랭크 웰스 등 위대한 조력자들을 해고했다. 그 뒤로 디즈니는 다시 내리막길을 걷기 시작했다. 일을 혼자 할 수 있는 사람은 아무도 없다. 성공은 수많은 동료들의 도움이 있어야 가능한 것이다.

그러므로 직원들이 인맥을 넓힌다는 것은 조직의 인력망이 넓어진다는 의미다. 조직은 직원들을 통해 위대한 조력자들과 좋은 관계를 형성할 수 있다.

전직 또는 독립_새로운 거래처 확보

직원은 언젠가는 조직과 이별을 해야 한다. 조직이 원하는 인재상은 끊임없이 변한다. 어쩌다 잠깐 조직의 인재상과 직원이 일치하는 때가 있다. 그러나 시간이 흐르면 직원은 잘못된 길을 걷기도 하고, 능력이 미달되기도 한다. 그렇다고 해서 조직이 직원을 해고하는 건 쉽지 않다. 그리고 사회적으로 봤을 때 해고는 정당성을 떨어뜨린다. 조직은 조직 목적을 달성하기 위해서 직원을 채용한다. 직원들을 부품처럼 사용하여 얻은 사업 이윤은 모두 조직에게 귀속된다. 그런 점에서 조직은 직원이 좋은 길을 갈 수 있도록 찾아주는 것이 정당해 보인다. 직원을 단순히 이윤 창출을 위한 수단이 아니라 파트너로 보아야 한다. 그래야만 직원과 조직은 선순환적 신뢰 관계를 형성할 수 있다.

자유_성장

직원은 자유를 원한다. 그리고 조직은 성장을 원한다. 양자의 관계는 대립적으로 보인다. 조직이 성장하기 위해선 직원을 통제해야 하기 때문이다. 그러나 자유와 성장은 쌍방향적 관계가 아니다. 직원들의 야망을 조직 목표에 일치시키는 과정이 필요하다. 직원들에게 자유와 함께 책임을 부여하면 해결된다. 직원은 부업을 선택할 수 있다. 그러나 회사 매출이나 성장에 기여해야 한다. 만일 그렇지 않으면 회사를 떠나도록 해야 한다. 조직에는 일종의 룰이 있다. 조직에 들어온 이상, 룰에 따라야 한다. 그 룰이 보이지 않는 암묵적인 룰이라도 말이다. 룰이란 바로 '내가 조직에 기여하는가?'이다. 물론 일방적인 책임을 져야 한다면 룰이 적용되지 않는다. 그러나 조직은 직원에게 자유를 부여했다. 부업을 통해 성장할 수 있는 기회를 주었다. 그렇다면 비즈니스 관계상 조직에 기여를 해야 하는 것은 당연한 도리다.

자신의 능력 발휘_성과 향상

직원은 자신의 능력이 인정받기를 원한다. 이것은 우리 모든 인간이 가진 본능이다. 인간은 자기 확신이 없는 존재다. 자신이 존재한다는 것을 느끼고 싶어 한다. 그렇기 때문에 늘 누군가의 칭찬이나 인정에 목마르다. 아마 우리는 누군가의 진심 어린 인정과 칭찬을 받을 수 있다면 돈 한 푼 받지 않고 기꺼이 노동을 할 준비가 돼 있을 것이다.

직원은 부업을 통해 능력이 발휘되기를 원한다. 그런데 부업을 통해 신장된 능력을 조직에서 활용한다면 어떨까? 당연히 조직의 성과가 향상될 것이다. 조직과 직원이 단순히 대립관계라는 생각은 구시대적 사고에 불과하다.

앞으로 이 둘은 비즈니스적 파트너 관계로 성장할 것이고, 상호 신뢰를 바탕으로 자기 자신과 조직 그리고 나아가 사회를 발전시키는 원동력이 될 것이다.

서로의 야심을
이루어주는 초신뢰 조직[17]

게임 중독자가 될 뻔한 억만장자

테슬라와 솔라시티의 CEO, 일론 머스크. 누구나 그의 이름을 한 번쯤은 들어봤을 것이다. 그는 지칠 줄 모르는 열정의 소유자로 일주일에 100시간 정도 일을 한다. 이미 150조 원에 달하는 자산을 지니고 있는데도 불구하고 어째서 쉬지 않고 일을 하고 있을까? 어렸을 때부터 성실하게 공부만 하거나 일에 중독되어 살아왔던 것일까? 그렇지 않다.

애슐리 반스가 쓴 《일론 머스크, 미래의 설계자》에 따르면 일론 머스크가 대학생 시절 때 기숙사 동료인 나베이드 페룩은 '일론은 몇 시간이고 쉬지 않고 게임에 몰두했다'고 말했다. 게임 중독자에 가까웠던 일론 머스크는 어쩌면 돈만 있었다면 평생 비디오 게임을 하면서 보내고 싶다고 생각했을지도 모를 일이다.

그가 두각을 드러내기 시작한 것은 동생 킴벌 머스크(Kimbal Musk)와 '집투(Zip2)'라는 회사를 설립하고부터 였다. 집투는 음식점이나 옷 가게, 미용실이 어디 있는지 알려주는 인터넷 검색 전문 회사였다. 카카오맵이나 네이버 지도, 망고플레이트 같은 앱이라고 생각하면 된다. 지금은 그리 혁신적인 아이디어는 아니지만 머스크 형제가 1995년에 설립했을 당시에는 획기적이었다.

일론 머스크는 이때부터 일에 몰두하기 시작했다. 집투는 처음엔 소규모 창고 같은 단칸방에서 어렵게 시작했지만, 1999년 2월 컴팩(Compaq) 컴퓨터에 무려 3억 700만 달러에 팔렸다. 이 일을 계기로 머스크 형제는 3,700만 달러를 벌었다. 그 후에도 일론 머스크는 '엑스닷컴(X.com)'이라는 회사를 출범했다. 엑스닷컴은 인터넷 결제 서비스 업체로 우리나라로 치면 옥션, 11번가 같은 회사다.

엑스닷컴은 당시 콘피니티라는 회사와 경쟁하고 있었는데, 콘피니티는 현금이 바닥이 나서 엑스닷컴의 자본이 필요한 상태였다. 결국 둘은 서로의 이해관계에 따라 경쟁을 멈추고 합병하기로 결정한다. 콘피니티는 '페이팔(PayPal)'이라는 서비스를 지니고 있었는데, 향후 페이팔은 큰 성공을 거두어서 이베이에 15억 달러에 팔렸다. 이 당시 일론 머스크는 약 2억 5,000만 달러를 손에 넣었고, 억만장자가 된다.

실패를 두려워하지 않는 정신

그런데 그는 여기서 멈추지 않고, 기어코 미친 짓을 벌인다. 바로 스페이스X라는 회사를 창설하고 자신이 번 돈을 쏟아부었다. 그 당시 대부분의 사람들은 스페이스X가 실패할 거라고 생각했다. 이미 수많은 부호들이 우주 개척을 꿈꾸다 돈만 잃고 포기했기 때문이다. 마르스 소사이어티(Mars Society) 회장인 로버트 주브린(Robert Zubrin)은 "결국은 앞서 같은 길을 걸었던 사람들처럼 수억 달러를 낭비하고 말 것이다"라고 말했다.

일론 머스크가 스페이스X를 성공시키는 데 가장 큰 공을 세운 인물 중 한 명인 톰 뮬러(Tom Mueller)는 애슐리 반스와의 인터뷰에서 "사람들이 우리를 제정신이 아니라고 생각했다"고 말했다. 그리고 많은 사람의 부정적인 확신은 현실이 돼가고 있었다. 스페이스X의 팰컨 1호는 2006년 3월 24일 1차 실패, 2007년 3월 15일 2차 실패를 했다. 그리고 2008년 8월 3일 발사한 로켓마저 실패로 돌아갔다. 이제 그의 자산은 로켓을 한두 차례 발사할 정도밖에 남지 않았다.

그 당시 일론 머스크는 어떤 생각을 하고 있었을까? 그의 동료 피트 워든은 "일론 머스크는 화성에 정착하는 문제에 대해 생각하고 있었다"고 말했다. 거듭된 로켓 발사 실패로 망해가는 마당에 그런 구상을 하고 있었던 것이다. 그는 벼랑 끝에서도 실패를 두려워하지 않았다.

일론 머스크가 실패를 두려워하지 않는다는 사실은 테슬라 창립과 경영에서도 여실히 드러났다. 마틴 에버하드(Martin Eberhard), 마크 타페닝(Marc Tarpenning)은 테슬라의 공동 창업주다. 이들은 2003년 7월 1일 전기 자동차 제조사인 테슬라를 설립했다. 모두 이들을 비웃었다. 미국에서 신생 자동차 제조사는 1925년 설립된 크라이슬러가 마지막이었기 때문이다. 이미 대기업들이 점령한 자동차 산업에 신생 자동차 회사가 설 자리는 없다는 것이 사람들의 공통된 생각이었다. 일론 머스크만 빼면 말이다. 테슬라는 결국 일론 머스크를 만났고, 그에게 7,000만 달러를 투자받았다. 그 당시 일론 머스크는 스페이스X로 자금이 점점 고갈되던 시기였다.

그리고 지금 모두가 비웃던 스페이스X와 테슬라는 어떻게 되었는가? 스페이스X는 2008년 9월 29일 로켓을 성공적으로 쏘아 올렸고, 요새는 화성에 갈 우주선까지 개발하고 있다. 테슬라는 2012년 6월 22일 테슬라 모델S를 성공적으로 출시하고, 2015년 9월 29일 테슬라 모델X를 출시했다. 이후 우리나라에서도 테슬라 자동차를 심심찮게 볼 수 있게 됐다. 그리고 현재 일론 머스크의 자산은 약 150조 원에 달한다.

CEO의 야망에 불을 지핀 직원들

일론 머스크는 페이팔의 주식을 모두 팔아 치우고는 편안하게 삶을 즐길 수도 있었을 것이다. 그러나 그는 멈추지 않았다. 오히려 자신의 모든 것을 걸고 야망을 실현하고자 했다. 도대체 이유가 무엇일까? 여기서 확실히 알 수 있는 것은 인간은 결코 돈 때문에 움직이는 동물이 아니라는 것이다. 우리 대부분은 돈에 쫓겨서 살지만, 돈은 그저 인간의 욕구 중 가장 하위 차원에 있는 욕구에 지나지 않는다. 삶이 안전하다는 생각이 들면 우리는 돈이라는 욕구에서 벗어나 더 큰 야망을 향해서 움직일 준비를 한다.

일론 머스크를 움직인 것은 존경 욕구와 자아실현 욕구였다. 가끔 그의 욕구가 좌절되어 욕구 불만 상태가 됐을 때는 사회적 욕구가 발현되기도 했다. 그는 사회적 비난에 직면했을 때, 직원들과 카운터 스트라이크 같은 게임을 하기도 했고 파티에 참석하기도 했다. 직원들로부터 인정받으며 사회적 욕구를 충족하고 나면 그는 다시 더 큰 욕구를 실현하기 위한 노력을 이어갔다.

이러한 역할에 도움을 준 것이 바로 비서 메리 베스 브라운이다. 그녀는 일론 머스크가 잘못된 방향으로 가지 않도록 해주는 역할을 수행했다. 그녀는 일론 머스크의 모든 일정을 관리했고, 일론 머스크가 절대 좌절하지 않고 직원들로부터 지지를 받을 수 있도록 도와주었다. 스페이스X의 핵심적인 인물 제러미 홀먼

(Jeremy Hollman)은 안경이 고장 났는데도 불구하고 시간이 없어서 수리하러 가지 못했다. 홀먼은 자신이 일론 머스크로부터 제대로 대접받지 못한다는 불만을 갖고 있었다. 이때 메리가 마법처럼 알아차리고 라식 수술 전문의 명함을 주면서 수술 비용을 일론 머스크가 전부 부담할 거라고 말하여, 홀먼의 불만을 잠재웠다.

이 밖에도 일론 머스크의 야망을 증폭시켜준 사람들이 있었다. 톰 뮬러는 로켓 개발에 천부적인 재능을 지닌 엔지니어였다. 그는 모두가 스페이스X에 대해 부정적인 시각을 가졌을 때조차 일론 머스크의 뛰어난 재능을 인정하고 그와 함께했다.

이처럼 일론 머스크의 주변은 유능한 팀원들로 가득했다. 그들이 유능한 이유는 능력이 뛰어난 것도 있지만, 그보다 일론 머스크의 자아실현 욕구를 자극했기 때문이다. 그들은 편안하게 놀고 먹고 살 수 있었던 일론 머스크를 회사를 위한 충실한 일벌레로 만들었다. 팀원들 중 일론 머스크를 비난한 사람들도 적지 않았다. 해고를 당한 사람도 많았다. 그러나 서로의 욕구에 합의한 직원들은 성실하게 일했고, 일론 머스크를 결코 실망시키지 않았다. 그들은 일론 머스크와 비즈니스 파트너를 넘어선 운명 공동체였다. 모두들 서로의 야망을 알고, 그걸 실현시키는 데 동의했다.

직원들은 일론 머스크가 좌절할 때마다 같이 게임을 하기도 하고 술을 마시기도 하면서 그를 추어올렸다. 메리는 일론 머스크와 직원들 간의 가교 역할을 해주었고, 홀먼과 뮬러는 일론 머스크의 자아실현 욕구를 자극했다. 회사 안에는 늘 CEO를 빛나게 하는 자들이 있었기에 지금의 일론 머스크가 있었던 것이다. 테슬라, 스페이스X는 일론 머스크의 자본에 직원들의 야망이 함께했기 때문에 성공한 것이다.

서로를 위해 헌신하는 조직이려면

이처럼 직원들은 CEO의 야망에 불을 붓는 역할을 할 줄 알아야 한다. 그의 사회적 욕구, 존경 욕구, 자아실현 욕구를 충족시켜주어야 한다. 그래피티 페이먼츠의 댄 프라이스도 직원들이 만들어낸 최고의 CEO다. 댄 프라이스의 직원들에 대한 헌신에 불을 붙인 것이 바로 직원들이다. 직원들은 돈을 모아 댄 프라이스에게 테슬라S를 선물했고, 댄 프라이스는 직원들로부터 다양한 욕구를 충족하여 회사에 더욱 충실한 CEO가 됐다.

이쯤 되면 회사의 주인이 CEO인지, 직원인지 알 수 없을 정도다. CEO는 직원을 위해서 헌신하는 것 같고, 직원은 CEO를 위해서 헌신하는 것 같다. 이것이 바로 직원들이 취해야 할 자세이며, 초신뢰 관계의 일환이다.

만일 당신이 사장이고 성공한 회사의 CEO가 되고 싶다면, 당신의 야망에 동조하고 당신을 지지할 수 있는 직원들을 고용해야 할 것이다. 만일 당신이 직원이라면 메리 베스 브라운처럼 CEO가 회사 내에서 지지받을 수 있는 환경을 만들 줄 알아야 한다. CEO는 자신의 성공욕구를 채우고 싶고, 직원들은 안정적인 회사를 만들고 싶어 한다. 이 두 욕구를 채우기 위한 야망의 합작품을 만들어내는 것이 바로 초신뢰 관계의 본질이다.

함께 성장하는
초신뢰 관계

만병통치약은 존재하지 않는다

모든 문제를 해결하는 만병통치약 같은 건 존재하지 않는다. 마이크로소프트, 아마존, 구글, 애플 등 세계 최고의 기업이 취하는 전략을 다른 기업이 동일하게 취한다고 성공할 수 있을까? 실리콘밸리에서 유행하는 경영 전략인 애자일 경영이나 홀라크라시 시스템을 채택했다고 곧바로 구글이나 자포스처럼 될 수 있을까?

당연히 그렇게 될 수 없다. 모든 조직은 사실 상황에 적합한 전략을 취해야 한다. 구글처럼 혁신적인 시스템을 도입했다고 구글이 되는 것은 아니다. 구글에는 'OKR'이라는 원칙이 있다. 실리콘밸리의 전설적 인물인 인텔의 전 CEO 앤디 그루브(Andy

Grove)가 주장한 성과관리 방식이다. 쉽게 말해서 핵심 성과 지표(KPI)를 통해서 조직의 성장에 도움이 되는 유용한 지표들을 추출하고, 이들을 주된 성과 목표로 잡은 뒤 목표를 달성하도록 독려하는 시스템을 의미한다.

한때 우리나라 스타트업들 상당수가 OKR 시스템을 따라 한 적이 있다. 안타깝게도 대부분의 기업들은 실패로 돌아갔다. 수많은 OKR 관련 서적에서는 하나같이 'OKR이 실패한 이유는 제대로 실행하지 않았기 때문'이라고 말한다. 과연 그럴까? 왜 모두들 OKR이 적합하지 않기 때문이라는 설명은 못하는 것인가?

마찬가지로 애자일 조직 또한 그렇다. 최근 스타트업 사이에서 각광 받고 있는 애자일 조직은 수평적 문화에 적합하다. 뛰어난 리더에 의해 조직이 돌아가는 것이 아니라 뛰어난 능력을 지닌 개개인의 화합으로 조직이 움직이는 것을 지향한다. 그런데 애자일 조직을 과연 현대자동차나 삼성전자에 적용할 수 있을까?

애자일 조직을 들여온 현대자동차를 상상해보자. 갑작스럽게 직원들에게 공문이 내려온다. 공문 내용은 이러하다. "오늘부터 우리 조직은 애자일 조직을 채택하겠습니다. 지금부터 직급은 없애도록 하겠습니다. 업무를 수행할 때 부서장의 결재나 승인을 받지 않아도 됩니다. 모든 일은 자신의 책임 하에 이루어집니다. 지금부터 시작합니다!"

아마도 앞으로 펼쳐질 일은 상상도 못할 아비규환이 될 것이다. 결재서류를 올릴 필요도 없기 때문에 직원들은 마음껏 차를 설계할지도 모른다. 심지어 직원들은 상사의 이야기도 무시할 것이다. 결재 받지 않아도 되는데 상사의 쓴소리를 들을 이유가 무엇이겠는가. 결재가 없어졌으므로 상사의 권한은 무용지물이 된다. 권한이 없는 곳엔 권력도 책임도 없다.

이제 상사는 일이 어떻게 처리되는지조차 모른다. 보고를 하지 않고 들을 이유도 없기 때문이다. 그렇기 때문에 상사도 CEO에게 보고를 하지 않는다. CEO도 기업이 어떻게 돌아가는지 전혀 모르게 된다. 자동차가 만들어지는지, 마차가 만들어지는지도 모른다. 어쩌면 현대차에서 조만간 출시될 신차는 시장과 완전히 괴리된 18세기 유럽에서나 볼 법한 레트로풍 증기 자동차가 될지도 모른다.

모든 조직은 해고와 성장을 반복한다

어떤 전략을 취하더라도 결국 누군가 나가야 하는 곳이 조직이다. 결국 모든 상황에 완벽히 들어맞는 만병통치약은 존재하지 않는다. 현대자동차에 애자일 조직을 들여오겠다는 건 대량 정리해고를 하겠다는 의미와 같다. 제너럴 일렉트릭의 잭 웰치, 노키아의 라자브 수리, 디즈니의 마이클 아이스너처럼 말이다. 그들이 적자인 기업을 되돌린 방법은 정리해고에 있었다. 수직적 조직 구조를 갖고 있던 현대자동차가 애자일 조직 구조로 전환한다는 것은 기업을 새롭게 다시 만들겠다는 의미와 같다. 애자일 조직 들여오기 위해선 중견사원들의 저항을 마주해야 한다.

애자일 조직은 결재 절차를 축소하는 방법을 취하는 것이 핵심인데, 그것은 중견사원들이 그동안 구축해온 유리벽을 무너뜨린다는 것을 의미한다. 그러니깐 애자일 조직을 만들겠다는 의미는 그냥 새로운 조직을 만든다는 의미와 같다. 변화가 아니라 리셋인 셈이다. 컴퓨터를 포맷하고 새롭게 소프트웨어를 설치하는 셈이다. 그 후에야 애자일 조직이 정착될 것이다.

물론 애자일 조직으로도 기업 환경 변화나 조직 규모가 커짐에 따라 다시 통제 중심형 조직 구조를 취할 필요가 생기게 될 것이고, 이 경우 조직은 다시 대규모 해고를 해야 할지도 모른다. 그 명칭이 명예퇴직이든, 정리해고든 말이다.

결국 모든 조직은 해고와 성장을 반복한다. 계속되는 변화 속에 수많은 희생자들이 생기는 것이 조직의 순리인 셈이다. 아마 그 과정에는 수많은 직원뿐 아니라 창립자, CEO들의 희생도 따를 것이다. 창립자가 조직으로부터 희생당할 수 있다는 것에 의문을 품는 사람도 많겠지만 스티브 잡스, 일론 머스크 등은 사실상 피라미드 꼭대기에 있었음에도 불구하고 조직으로부터 쫓겨났다. 이처럼 조직은 수많은 인적 자원의 희생 아래 유지될 수밖에 없는 숙명을 지니고 있는 셈이다.

초신뢰적 사고를 갖추어야 한다

그렇기 때문에 자신이 몸 담고 있는 작은 조직만 볼 것이 아니라 더 넓게 봐야 한다. 스티브 잡스는 애플에서 CEO직을 내려놓은 뒤 픽사(Pixar)로 들어갔고 성공을 거뒀다. 일론 머스크는 페이팔의 남은 지분을 모두 처분한 뒤 테슬라, 스페이스X, 솔라시티의 CEO가 됐다. 이들은 CEO로서 전문성을 갖추었다. 하나의 조직에 의존하는 것이 아니라 자신의 능력을 바탕으로 더 넓은 세계를 바라보고 있었던 것이다.

직원도 마찬가지다. 조직에서 자신의 업무만 할 생각을 버리고 전문성을 키워나가야 한다. 조직은 그저 디딤돌에 불과하다는 생각을 가져야 한다. 그렇기 때문에 투잡을 뛰기도 하고, 스스로 공부도 해야 한다. 하나의 조직에 갇히는 순간, 인간인 이상 조직 정치를 할 수밖에 없다. 인간이란 그런 존재다. 조직 정치를 시작하는 그 순간부터 직원은 조직으로부터 불필요한 인재가 되는 것이다. 불필요한 인재가 되는 것만큼 자신의 존엄을 훼손시키는 것도 없다.

그러니 조직에 대한 의존도를 낮추고 더 큰 세상을 봐야 한다. 인간은 단순한 생존이 아닌, 존엄과 자아실현을 갈망하는 존재다. 더 큰 세상을 보고 세상에 기여하는 감각을 '공동체 감각'이라고 한다. 공동체 감각만이 인간을 비로소 만족시킬 수 있다.

조직도 CEO와 직원에 대한 배려를 해야 한다. 그들이 성장할 수 있는 환경을 만들어야 한다. 그래야 더 능력 있는 직원을 찾을 수 있는 인프라가 조성되고 더 발달할 수 있는 기업환경이 구현되는 것이다. 그렇게 했을 때 초신뢰 관계가 형성된다. 서로 작은 시야에 매몰되어 다투는 것이 아니라, 더 큰 세상을 보고 자신을 지속적으로 발전시키는 관계로 나아갈 수 있게 되는 것이다.

스스로의 그림자를 인정해야
성숙해진다

나는 오랫동안 인간에 대해 의문을 가졌고, 그 답을 조직에서 찾고 있는 중이다. 내가 아는 한 조직은 인간의 희노애락이 모두 녹아 있는 곳이다. 조직은 어떨 때는 얇은 칸막이 안에 직원을 가둬두고 침묵으로 고통을 주기도 하고, 어떨 때는 직원에게 차디찬 세상으로부터 보호하는 울타리 역할을 하기도 한다.

우리는 조직 속에서 수많은 사람을 마주친다. 한 자리를 놔두고 경쟁해야 하는 관계로, 공동의 과제를 해결해야 하는 협력자로, 노고를 함께할 수 있는 기쁜 동료로 수없이 많은 사람을 만난다. 우리는 아침마다 회사에 출근하면서 지긋지긋한 괴로움을 느낀다. 그런데 정작 회사에 도착하고서는 동료를 보고 활짝 웃으며 인사를 한다. 부장을 만났을 때에는 관계의 아득함에서 오는 어색함을 마주하기도 한다.

우리는 회사에 다니기 싫어하면서도 정작 회사라는 일자리를 잃게 됐을 때 거대한 상실감을 느낀다. 회사란 무엇일까? 아니, 사장에게 있어서 회사란 무엇일까? 부장에게 있어 회사란 무엇일까? 사원에게 있어 회사란 무엇일까? 어쩌면 회사는 우리 모두에게 서로 다른 의미를 가지고 있는 것일 수밖에 없는 것이 아닐까. 그렇기 때문에 우리가 회사에서 단절된 관계를 가질 수밖에 없고, 서로 상처를 주기도 하는 존재로 변질되는 것인 셈이다.

그러나 회사 내의 관계가 항상 우리에게 상처만 주는 것은 아니다. 어쩔 땐 같이 일한다는 기쁨에서 오는 고양감에 젖기도 하고, 일체감에 빠져 화목을 도모하기도 한다. 그리고 안타깝게도 인간혐오에 빠지기도 한다.

그 모든 것이 어우러진 곳이 바로 회사다. 그렇기 때문에 우리는 인정해야 할지도 모른다. 우리 자신의 어두운 그림자에 대해서 말이다. 우리 모두에겐 인정하기 싫은 그림자가 있다. 우리는 일하기 싫다는 이유로, 경쟁자보다 더 인정받고 싶다는 이유로, 누군가를 지배하고 싶은 이유 등으로 이기적인 행동을 한다. 그러나 그 그림자를 인정하고 받아들여야 성숙한 인간이 될 수 있고, 나아가 성숙한 조직을 이룰 수 있는 것이다.

나 자신은 스스로의 이기심을 알고, 조직은 그 이기심을 이해한 상태로 조직을 구성한다면, 서로 투쟁하는 관계가 아닌 화합하는 관계를 맺을 수 있다. 이것을 난 '초신뢰 관계'라고 생각한다. 내가 초신뢰 관계를 만들어야 한다고 주장하는 이유는 조직이야말로 우리의 모든 삶과 애환이 있는 곳이기 때문이다.

우리를 보다 인간답게 만들어주고, 더 고차원적 생물로 발돋움할 수 있도록 하는 곳, 그곳이 바로 조직이기 때문이다. 그렇기 때문에 초신뢰 관계를 조성하는 조직이 늘어났으면 한다.

참고 문헌

1 《퇴근길 인문학 수업: 멈춤》(최형선 외, 한빛비즈, 2018년) 중 PART1. 생존과 공존, 네이버 지식백과 '다큐 사이언스: 북극곰' (https://terms.naver.com/entry.naver?docId=3573299&cid=58940&categoryId=58956).

2 1976년 하버드 경영대학원의 마이클 젠슨(Michael C. Jensen)과 로체스터대학교의 윌리엄 멕클링(William Meckling)에 의해 처음 제기된 이론.

3 한국교육심리학회,《교육심리학용어사전》, 학지사, 2000.

4 로빈 던바(Robin Dunbar),《Grooming, Gossip, and the Evolution of Language》, Harvard Univ Pr, 1998.

5 애슐리 반스, 《일론 머스크, 미래의 설계자》, 김영사, 2015.

6 정준호, 《기생충, 우리들의 오래된 동반자》, 후마니타스, 2011.

7 'AI, 인간 변호사 꺾고 법률 자문대회 완승' 연합뉴스TV, 2021. 8. 31. 방송.

8 정준호,《기생충, 우리들의 오래된 동반자》, 후마니타스, 2011.

9 오카다 다카시, 《심리 조작의 비밀》, 어크로스, 2016.

10 로버트 그린, 《인간 본성의 법칙》, 위즈덤하우스, 2019.

11 임영태, 《스토리 세계사》, 21세기북스, 2014.

12 "독재자 스탈린도 사랑에 울었다", 〈동아일보〉, 2007. 5. 7.

13 "일 마이니치가 전한 김정운 스위스 유학생활", 〈한겨레〉, 2009. 6. 14.

14 모니크 보거호프 멀더(Monique Borgerhoff Mulder) 학자가 주장한 내용으로 데이비드 버스가 자신의 저서《진화심리학》에서 다룸, 데이비드 버스, 웅진지식하우스, 2012.

15 대니얼 J. 레비틴, 정리하는 뇌, 와이즈베리, 2015.

16 이 장은《일본 vs 옴진리교》(네티즌 나인, 박하, 2018)를 참조.

17 이 장은《일론 머스크, 미래의 설계자》(애슐리 반스, 김영사, 2015)를 참조.

북큐레이션 • 함께 일하는 사장 또는 직원과의 관계를 개선하고 싶은 이들을 위한 책.

《사장이 원하는 회사 직원이 바라는 회사》와 함께 읽으면 좋은 책. 회사도 발전하고 연봉도 오르는
방법을 찾아 노사 관계에 있는 모든 이들이 윈윈할 수 있기를 응원합니다.

사장이 알아야 할
기본개념 40가지

사장 교과서

주상용 지음 | 14,500원

사장, 배운 적 있나요?
경영 멘토가 들려주는 사장의 고민에 대한 명쾌한 해법

중소기업이 시장에서 살아남아 강소기업으로 성장할 수 있는 비결은 어디에 있
을까? 대기업과 달리 중소기업의 사장은 대체할 수 없는 리더십이다. 따라서 조
직의 성과를 높이고 효율을 증진시키기 위해서는 누구보다 먼저 사장 자신의 효
율성이 높아져야 한다. 이 책에서는 기업 CEO들의 생각 친구, 경영 멘토인 저자
가 기업을 성장시키는 사장들의 비밀을 알려준다. 창업 후 자신의 한계에 부딪
혀 성장통을 겪고 있는 사장, 사람 관리에 실패해 재도약을 준비하고 있는 사장,
위기 앞에서 포기하기 직전에 있는 사장, 향후 일 잘하는 사장이 되려고 준비 중
인 예비 사장들에게 큰 도움이 될 것이다.

코로나에도
살아남은
사장의 비밀

힘내라 사장

정영순 지음 | 13,800원

성공한 기업의 사장이 되고 싶은가?
실패를 성장의 동력으로 삼고 성장하는 사장이 되는 방법!

《힘내라 사장》의 저자는 1985년 첫 사업을 시작해 온갖 고난과 어려움 속에
서도 지치지 않고 다시 일어나 현재에도 자신의 사업을 경영하고 있다. 저
자는 말한다. 사장들의 속을 누가 알아주겠느냐고. 그래도 자신만큼은 도전
을 멈추지 않는 사람은 원하는 삶을 살 수 있다는 것을 보여주고 싶다고. 도
매시장, 중개사무소, 갈빗집 등 다양한 사장 경험을 거쳐 지금의 자리를 지
켜낼 수 있었던 이유! 대한민국의 모든 사장과 사장이 되고 싶어 하는 이들
에게 꼭 필요한 사장의 자리를 지켜내기 위한 노하우와 마음가짐의 총망라!
더 오랫동안 사업을 유지하고 싶다면 이 책이 당신에게 응원과 더불어 에너
지를 전달해줄 것이다!

누구에게나 인생 직업은 있다

이우진 지음 | 15,000원

"나도 내가 뭘 하고 싶은지 모르겠어"
매일 뭐 해서 먹고살지 고민하는 어른을 위한 해답서

어른들을 위한
진로 교과서

계속되는 취업난과 불안정한 고용환경은 우리에게 진로를 생각해볼 시간을 주지 않는다. 취업 관문을 뚫고 어렵사리 들어간 직장에서 자신과 맞는 일을 하면 다행이지만, 그렇지 않은 사람들이 대다수다. 자신이 어떤 일과 잘 맞고 흥미 있어 하는지 제대로 알지 못하면 원하지 않는 전공을 선택하거나 기존에 쌓았던 커리어가 물거품이 되기 쉽다. 이 책은 뭘 하며 먹고살아야 할지 더 이상 방황하지 않고 인생 직업을 찾을 수 있도록 이에 필요한 개념과 사례를 들어 알려준다. 또한 꼭 가고 싶은 직장을 만났을 때 면접관에게 돋보일 수 있는 다양한 스킬들을 소개한다. 인생의 방황을 끝낼 수 있는 기회를 이 책과 함께 붙잡길 바란다.

일은 줄이고 삶은 즐기는
완벽한 직장인

최민기 지음 | 14,500원

대기업에서 대리직급으로 해외법인장을 지낸 프로 직장인이
13년간 메모를 통해 정리한 업무 방식을 전격 공개한다!

직장인의
내공 레벨업
스킬 10가지

저자는 대기업 무역상사에 공채로 입사하여 그룹 최연소로 해외생산수출법인 법인장을 지냈다. 개개인의 역량이 기업을 강하게 만든다. 여기서 말하는 개인은 단순히 회사 시스템에 맞춰 '기계부품'처럼 일하는 사람이 아니다. 자기 분야에서 최고의 전문성을 갖춘 완벽한 직장인을 가리킨다. 즉 상위 1퍼센트 프로 직장인은 회사를 위해 고민하기 때문에 회사가 발전할 수밖에 없는 것이다. 이 책은 완벽한 직장인이 되기 위한 업무 비법과 프로 직장인이 일하는 방식을 담고 있다.